G. GIRAUDIN J. VIGO

l'oiseau-lyre

lecture

CE Tome 1

CLASSIQUES HACHETTE

79, Bd Saint-Germain - 75006 Paris

Le conte de la chèvre qui ne voulait pas passer le pont

1 Il y avait une fois un homme qui menait sa chèvre au marché.

A l'entrée du pont, la chèvre refusa d'avancer. Le bonhomme, en colère, appela un chien et dit :

« Chien, mords la chèvre ! »

Le chien n'a pas voulu mordre la chèvre.

Alors le bonhomme a appelé le loup qui se promenait du côté du bois :

« Loup, mange le chien ! »

Le loup n'a pas voulu manger le chien.

2 Le bonhomme a appelé un ours.

« Ours, éreinte le loup ! »

L'ours n'a pas voulu éreinter le loup.

Le bonhomme a appelé le bœuf.

« Bœuf, éventre l'ours ! »

Le bœuf n'a pas voulu éventrer l'ours.

Le bonhomme prend une corde et lui dit d'attacher le bœuf.

La corde n'a pas voulu.

3 Alors il s'est adressé au rat :

« Rat, ronge la corde ! »

Le rat a refusé.

Le bonhomme a appelé le chat :

« Chat, mange le rat ! »

Le chat n'a pas voulu manger le rat.

Le bonhomme a dit à une poutre qui était là, par terre :

« Poutre, écrase le chat. »

La poutre n'a pas voulu écraser le chat.

4 Le bonhomme a allumé du feu. Le feu a bien voulu brûler la poutre. La poutre a bien voulu tuer le chat. Le chat a bien voulu manger le rat. Le rat a bien voulu ronger la corde. La corde a bien voulu attacher le bœuf. Le bœuf a bien voulu éventrer l'ours. L'ours a bien voulu éreinter le loup. Le loup a bien voulu manger le chien. Le chien a bien voulu mordre la chèvre.

Et la chèvre a passé le pont !

5 Mais le marché était fini. Le bonhomme a ramené sa chèvre chez lui. C'était tout ce qu'elle désirait. Elle ne voulait pas être vendue.

(Adapté de Léon Pineau, *Les Contes du Grand-père*, Delagrave)

Pouce-Poussin

I *En route vers le palais du roi*

1 Ce jour-là, Pouce-Poussin allait au marché par le sentier de la forêt lorsqu'un gland tomba d'un grand arbre — ping ! — sur sa petite tête.

« Alerte, le ciel nous tombe sur la tête ! s'écria Pouce-Poussin. Il faut avertir le roi en vitesse ! »

2 Sur son chemin, Pouce-Poussin rencontra Poulette-Coquette.

« Où vas-tu comme ça ? demanda Poulette-Coquette.

— Le ciel tombe. Je vais prévenir le roi.

— Qui te l'a dit ? demanda Poulette-Coquette.

— Le ciel. Il m'a cogné au passage.

— Je viens avec toi », dit Poulette-Coquette.

3 Pouce-Poussin et Poulette-Coquette se hâtèrent donc vers le palais. En chemin, ils rencontrèrent Quentin-Canard.

« Où allez-vous comme ça ? demanda Quentin-Canard.

— Le ciel tombe, dit Poulette-Coquette. Nous allons prévenir le roi.

— Qui te l'a dit ? demanda Quentin-Canard.

— Pouce-Poussin.

— Qui l'a dit à Pouce-Poussin ?

— Le ciel. Il lui a cogné la tête.

— Je viens aussi », dit Quentin-Canard.

4 Pouce-Poussin, Poulette-Coquette et Quentin-Canard se hâtèrent donc vers le palais pour dire au roi que le ciel tombait. En chemin, ils rencontrèrent l'Oie grasse.

« Où allez-vous comme ça ? demanda l'Oie grasse.

— Le ciel tombe, dit Quentin-Canard. Nous allons prévenir le roi.

— Qui te l'a dit ? demanda l'Oie grasse.

— Poulette-Coquette.

5 — Qui l'a dit à Poulette-Coquette ?

— Pouce-Poussin.

— Qui l'a dit à Pouce-Poussin ?

— Le ciel. Il lui a cogné la tête.

— Je viens », dit l'Oie grasse.

Et Pouce-Poussin, Poulette-Coquette, Quentin-Canard et l'Oie grasse se hâtèrent vers le palais pour avertir le roi.

II *Rusé-Renard montre la route*

1 En chemin, Pouce-Poussin, Poulette-Coquette, Quentin-Canard et l'Oie grasse rencontrèrent Dindon-Dodu.

« Où allez-vous ? demanda Dindon-Dodu.

— Le ciel tombe, dit l'Oie grasse, nous allons prévenir le roi.

— Qui te l'a dit ? demanda Dindon-Dodu.

— Quentin-Canard.

2 — Qui l'a dit à Quentin-Canard ?

— Poulette-Coquette.

— Qui l'a dit à Poulette-Coquette ?

— Pouce-Poussin.

— Qui l'a dit à Pouce-Poussin ?

— Le ciel. Il lui a cogné la tête.

— Je viens », dit Dindon-Dodu.

3 Pouce-Poussin, Poulette-Coquette, Quentin-Canard, et l'Oie grasse et Dindon-Dodu se pressèrent donc sur la route pour aller avertir le roi que le ciel tombait.

Mais en chemin, ils rencontrèrent Rusé-Renard.

« Où allez-vous donc ? demanda Rusé-Renard.

— Le ciel tombe. Nous allons prévenir le roi.

— Je vais vous montrer la route », dit Rusé-Renard.

Rusé-Renard accompagna donc Dindon-Dodu.
Rusé-Renard mangea Dindon-Dodu.
4 Rusé-Renard accompagna l'Oie grasse
Rusé-Renard mangea l'Oie grasse.
Rusé-Renard accompagna Quentin-Canard.
Rusé-Renard mangea Quentin-Canard.
Rusé-Renard accompagna Poulette-Coquette.
Rusé-Renard mangea Poulette-Coquette.
Rusé-Renard accompagna Pousse-Poussin.
Rusé-Renard mangea Pouce-Poussin ! ! !

5 Il ne resta plus personne pour aller prévenir le roi, excepté Rusé-Renard lui-même.

Mais Rusé-Renard avait bien trop mangé.

Il ne pouvait plus du tout bouger.

Alors, le roi ne sut jamais que le ciel allait lui tomber sur la tête.

(*Histoires à la douzaine*, Textes choisis par B. & L. UNTERMEYER,
Traduction Élisabeth Gille, Les deux coqs d'or)

Sambo le Petit Noir

I *Un beau costume*

1 Il était une fois un petit garçon tout noir qui s'appelait Sambo le Petit Noir.

Et sa mère s'appelait Mambo la Noire.

Et son père s'appelait Jambo le Noir.

Et Mambo la Noire lui fit une belle petite veste rouge et de beaux petits pantalons bleus.

2 Et Jambo le Noir alla au marché lui acheter une ombrelle verte et une jolie petite paire de souliers violets avec des semelles roses.

Avec tout cela, Sambo le Petit Noir n'était-il pas grand ?

Alors il mit sur lui tous ses beaux vêtements et sortit se promener dans la Jungle.

3 Bientôt, il rencontra un Tigre. Et le Tigre lui dit :

« Sambo, mon Petit Noir, je vais te manger ! »

Et Sambo le Petit Noir répondit :

« Monsieur le Tigre, je vous en prie, ne me mangez pas, et je vous donnerai ma belle veste rouge. »

4 Alors le Tigre dit :

« Très bien, je ne te mangerai pas cette fois-ci, mais il faut me donner ta belle petite veste rouge. »

Alors le Tigre prit la belle petite veste rouge de Sambo le pauvre Petit Noir, et il s'en alla en disant :

« Et maintenant je suis le plus grand Tigre de la Jungle. »

5 Et Sambo le Petit Noir rencontra un autre Tigre, qui lui prit ses pantalons bleus en disant :

« Et maintenant je suis le plus grand Tigre de la Jungle. »

Alors Sambo le Petit Noir rencontra un autre Tigre qui lui dit :

« Sambo, mon Petit Noir, je vais te manger ! »

Et Sambo le Petit Noir dut donner au Tigre ses beaux souliers violets aux semelles roses.

II *De bonnes crêpes*

1 Sambo le Petit Noir rencontra un autre Tigre, et lui dit :

« Monsieur le Tigre, je vous en prie, ne me mangez pas et je vous donnerai mon ombrelle verte. »

Mais le Tigre dit :

« Comment pourrais-je la porter, ton ombrelle verte ? J'ai besoin pour marcher de toutes mes pattes.

2 — Vous pourriez faire un nœud à votre queue, et la porter de cette façon-là, dit Sambo le Petit Noir.

— En effet, dit le Tigre en prenant l'ombrelle. Et maintenant, je suis le plus beau Tigre de la Jungle. »

Et Sambo le pauvre Petit Noir partit en pleurant, parce que les méchants tigres lui avaient pris tous ses beaux vêtements.

3 Mais voilà que tous les Tigres se mirent à se disputer pour savoir lequel était vraiment le plus grand.

Sambo le Petit Noir grimpa sur un arbre pour voir.

Les Tigres entourèrent l'arbre, chacun mordant la queue d'un autre Tigre.

Alors Sambo le Petit Noir courut vers l'endroit où tous ses beaux vêtements avaient été jetés par terre. Il prit le tout et se sauva.

4 Les Tigres furent très fâchés, mais aucun d'eux ne voulait lâcher la queue de l'autre.

Ils couraient de plus en plus vite autour de l'arbre.

Ils coururent tellement longtemps et tellement vite qu'ils en fondirent. Cela fit, tout autour de l'arbre, une grande flaque de graisse.

Jambo le Noir vint à passer par là.

5 Il mit la graisse dans un grand pot de cuivre et emporta le tout à la maison.

Mambo la Noire, avec la graisse, fit des crêpes, des crêpes jaunes et brunes, de la couleur des petits Tigres.

Mambo la Noire en mangea trente et une, Jambo le Noir en mangea cinquante-sept, mais Sambo le Petit Noir en mangea cent-soixante-neuf, parce qu'il avait grand faim.

(HELEN BANNERMAN dans *Histoires à la douzaine*,
Textes choisis par B. & L. UNTERMEYER,
Traduction Élisabeth Gille, Les deux coqs d'or)

Trois braves petits boucs

1 Il était une fois trois braves petits boucs qui vivaient tous ensemble dans la montagne. Sur le versant où ils se trouvaient, il y avait peu à manger. Mais juste en face, il y avait un beau pâturage d'herbe verte. Pour aller à ce pâturage, ils devaient traverser un pont et, sous ce pont, vivait un grand méchant croquemitaine.

Un jour, le plus jeune des trois petits boucs commença à traverser le pont.

2 « Qui passe sur mon pont ? rugit le croquemitaine.

— Ce n'est que moi, le plus petit bouc, dit le petit bouc de sa petite voix douce.

— Ha ! ha ! Je vais monter et te manger, dit le croquemitaine.

— Oh ! Ne me mangez pas ! s'écria le plus petit bouc. Mon frère vient après moi, et il est beaucoup plus gros que moi. »

Alors, le croquemitaine grogna et grommela, mais il laissa le plus petit bouc traverser le pont.

3 Bientôt, le second petit bouc commença à traverser le pont.

« Qui passe sur mon pont ? rugit le croquemitaine.

— Ce n'est que moi, le moyen petit bouc, dit le second petit bouc de sa voix moyenne.

— Ha ! ha ! Je vais monter et te manger, dit le croquemitaine.

— Oh ! Ne me mangez pas ! s'écria le moyen petit bouc. Mon frère vient après moi, et il est beaucoup plus gros que moi. »

Alors, le croquemitaine grogna et grommela, mais il laissa le moyen petit bouc traverser le pont.

4 Bientôt, le plus gros des petits boucs commença à traverser le pont.

« Qui passe sur mon pont ? rugit le croquemitaine.

— C'est moi, le plus gros des petits boucs, cria le bouc de sa grosse voix.

— Ha ! ha ! Je vais monter et te manger, dit le croquemitaine.

— Viens donc ! cria le plus gros des petits boucs.

— Je vais te réduire en pièces ! »

5 Le vieux croquemitaine monta sur le pont. Mais le plus gros des petits boucs baissa la tête, fonça sur lui et le jeta à bas du pont. Et, jamais plus, on ne revit le croquemitaine.

Alors, le plus gros des petits boucs rejoignit ses deux frères dans le pâturage. Et l'herbe y était si délicieuse que les trois petits boucs devinrent ronds et gras avant de s'en retourner chez eux.

(*Histoires à la douzaine,* Textes choisis par B. & L. Untermeyer,
Traduction Élisabeth Gille, Les deux coqs d'or)

Les trois ours

I *Une drôle de petite maison*

1 Il y avait une fois trois ours qui demeuraient ensemble, dans une maison à eux, au milieu d'un bois.

L'un d'entre eux était un tout, tout petit ours ; le second était un ours de taille moyenne, et le troisième était un gros, gros ours.

2 Ils avaient chacun une écuelle pour leur soupe ; une petite écuelle pour le petit ours, une écuelle moyenne pour l'ours moyen, et une grande écuelle pour le grand, grand ours.

Ils avaient chacun une chaise pour s'asseoir ; une toute petite chaise pour le tout petit ours, une chaise moyenne pour l'ours moyen, et une grande chaise pour le grand, grand ours.

Et ils avaient chacun un lit pour se coucher : un grand, grand lit pour le gros ours, un lit moyen pour l'ours moyen, et un tout petit, petit lit pour le tout petit, petit ours.

3 Un jour, après avoir fait cuire leur soupe, et l'avoir versée dans leurs écuelles, ils allèrent faire une petite promenade dans le bois pendant que la soupe refroidissait. C'était une très bonne soupe de riz au lait, bien sucrée.

Pendant qu'ils étaient à la promenade, une petite fille nommée Boucles d'Or arriva près de la maison. Elle n'était jamais venue par là et n'avait jamais vu cette petite maison.

4 Elle regarda par la fenêtre, et puis à travers le trou de la serrure. Voyant qu'il n'y avait personne dans la chambre, elle ouvrit la porte. La porte n'était pas fermée, parce que les ours étaient de braves bonshommes d'ours.

Boucles d'Or ouvrit la porte, et entra ; et elle fut fameusement contente quand elle vit le déjeuner qui refroidissait sur la table.

5 Si Boucles d'Or s'était rappelé ce que sa maman lui disait toujours, elle aurait attendu le retour des ours. Peut-être lui auraient-ils donné un peu de leur déjeuner, car c'étaient de braves ours, un peu bourrus, bien sûr, mais très hospitaliers. Mais Boucles d'Or oublia tout et se servit elle-même.

II “ *Quelqu'un a touché à ma soupe !* ”

1 D'abord, Boucles d'Or goûta la soupe du gros ours, et... c'était trop chaud ; puis elle goûta la soupe de l'ours moyen, mais c'était trop froid.

Alors elle alla vers l'écuelle du petit ours et goûta la soupe, et celle-là n'était ni trop chaude, ni trop froide, mais juste à point. Elle la trouva si bonne qu'elle la mangea toute !

2 Ensuite, Boucles d'Or monta sur la chaise du gros ours, mais elle la trouva trop dure ; puis elle essaya la chaise de l'ours moyen, mais elle la trouva trop molle.

Alors, elle essaya la chaise du tout petit ours, et, celle-là, elle ne la trouva ni trop dure ni trop molle, mais juste comme il fallait. Seulement, elle s'y enfonça tellement que la chaise cassa, et voilà ma Boucles d'Or par terre, les jambes en l'air !

3 Elle se releva, en se frottant un peu. Puis elle monta l'escalier et entra dans la chambre d'en haut, où se trouvaient les trois lits des ours.

D'abord, elle se coucha sur le lit du gros ours. Mais il était trop haut à la tête, pour elle. Puis elle se coucha sur le lit moyen. Mais celui-là était trop bas au pied.

Alors, elle se coucha sur le petit lit, et celui-ci n'était ni trop haut ni trop bas, mais juste comme il fallait. De sorte que Boucles d'Or tira la couverture sur elle et s'endormit profondément.

4 Pendant ce temps, les trois ours se dirigeaient vers leur maison. Or, Boucles d'Or avait laissé la cuiller du gros ours toute droite dans la soupe.

5 « QUELQU'UN A TOUCHÉ A MA SOUPE ! » dit le gros ours, avec sa grosse voix.

Et quand l'ours moyen regarda son écuelle, il vit que la cuiller y était aussi.

« *Quelqu'un a touché à ma soupe !* » dit l'ours moyen de sa voix moyenne.

Alors le tout petit ours regarda aussi son écuelle, et il y avait bien une cuiller dans l'écuelle, mais plus de soupe du tout !

« Quelqu'un a touché à ma soupe et l'a toute mangée », cria le tout petit ours de sa toute petite voix flûtée, et je crois bien qu'il avait envie de pleurer !

III *Boucles d'Or a grand-peur*

1 Voyant cela, les trois ours comprirent que quelqu'un était entré dans la maison. Ils commencèrent à chercher autour d'eux. Or, Boucles d'Or n'avait pas remis le coussin de la grande chaise bien à sa place.

« QUELQU'UN S'EST ASSIS DANS MA CHAISE ! » dit le gros ours de sa grosse voix.

Et Boucles d'Or avait écrasé le coussin de la chaise moyenne.

« *Quelqu'un s'est assis dans ma chaise !* » dit l'ours moyen de sa voix moyenne.

2 Et vous savez ce que Boucles d'Or avait fait à la troisième chaise.

« Quelqu'un s'est assis sur ma chaise et l'a toute cassée, oh ! oh ! oh ! » cria le tout petit ours de sa toute petite voix flûtée.

Alors les ours, voyant qu'ils ne trouvaient rien en bas, montèrent dans la chambre du haut. Or, Boucles d'Or avait changé de place l'oreiller du gros ours.

« QUELQU'UN S'EST COUCHÉ SUR MON LIT ! » dit le gros ours de sa grosse, grosse voix.

3 Et Boucles d'Or avait changé de place le traversin du second lit.

« *Quelqu'un s'est couché dans mon lit !* » dit l'ours moyen de sa voix moyenne.

Et quand le tout petit, petit ours vint regarder son lit, le traversin était à sa place, et l'oreiller était à sa place, et... sur l'oreiller... il y avait... les cheveux de Boucles d'Or !

« Quelqu'un s'est couché dans mon lit et... et il y est encore ! » cria le tout petit ours de sa toute petite voix flûtée.

4 Boucles d'Or avait entendu, dans son sommeil, la grosse voix du gros ours, mais elle avait cru que c'était le tonnerre. Puis, elle avait entendu la voix moyenne de l'ours moyen, mais elle croyait qu'on parlait en rêve. Mais la petite voix flûtée du tout petit ours lui perça les oreilles, et la réveilla.

5 Elle s'assit sur le lit, et quand elle vit les trois ours à côté du lit, elle roula à terre de l'autre côté et courut à la fenêtre. La fenêtre était ouverte, parce que les ours laissaient toujours la fenêtre de leur chambre ouverte, quand ils s'en allaient le matin.

Boucles d'Or sauta par la fenêtre, qui n'était pas bien haute, et courut chez sa mère, aussi vite que ses jambes purent la porter.

(Adapté de Miss SARA CONE BRYANT, *Comment raconter des Histoires à nos Enfants,* Fernand Nathan)

Les trois petits cochons

I *Des maisons pas bien solides*

1 Il y avait une fois trois petits cochonnets qui s'en allèrent chercher fortune par le monde. Le premier rencontra un homme qui portait une botte de paille, et il lui dit :

« Bonhomme, donne-moi cette paille pour me bâtir une maison. »

L'homme lui donna la paille, et le petit cochonnet se bâtit une maison avec.

2 Bientôt après, le loup arriva, et, frappant à la porte, il s'écria :

« Petit cochonnet, petit cochonnet, laisse-moi entrer. »

Mais le cochonnet répondit :

« Non, non, par la barbiche de mon petit menton. »

Alors le loup répliqua :

« Eh bien ! je soufflerai, et je gronderai, et j'écraserai ta maison. »

3 De sorte qu'il souffla et qu'il gronda, et il écrasa la maison, et mangea le premier petit cochonnet.

Le second petit cochon rencontra un homme qui portait un fagot d'épines, et il lui dit :

« Bonhomme, donne-moi ces épines pour me bâtir une maison. »

Le bonhomme lui donna les épines et le petit cochon bâtit sa maison.

Bientôt après, le loup arriva de nouveau, et il dit :

« Petit cochonnet, petit cochonnet, laisse-moi entrer.

— Non, non, par la barbiche de mon petit menton.

— Eh bien ! je soufflerai, et je gronderai, et j'écraserai ta maison. »

5 De sorte qu'il souffla, et il gronda et il écrasa la maison, et mangea le second petit cochon.

Le troisième petit cochon rencontra un homme avec un chargement de briques, et il lui dit :

« Bonhomme, donne-moi ces briques pour me bâtir une maison. »

L'homme lui donna les briques et il se bâtit avec une maison bien solide.

II *Comment venir à bout du petit cochon ?*

1 De nouveau, le loup arriva, et dit :

« Petit cochon, petit cochon, laisse-moi entrer.

— Non, non, par la barbiche de mon petit menton.

— Alors je soufflerai, et je gronderai, et j'écraserai ta maison. »

De sorte qu'il souffla, et il gronda, et il souffla, et souffla encore, et il gronda, et gronda encore, mais il ne put pas écraser la maison.

2 A la fin, il s'arrêta et dit au cochonnet :

« Petit cochon, je sais où il y a un joli champ de navets.

— Où ça ? demanda le petit cochon.

— Là-bas, dans le champ du forgeron ; si tu es prêt demain matin, nous irons en chercher ensemble, et nous en rapporterons pour notre souper.

— Bon, dit le cochonnet. A quelle heure ?

— Oh ! à six heures. »

3 Mais le petit cochon se leva à cinq heures et courut chercher les navets, avant que le loup fût levé. Quand le loup arriva en criant :

« Petit cochon, es-tu prêt ? »

Le petit cochon répondit :

« Prêt ? Il y a longtemps que je suis revenu, et les navets sont presque cuits. »

4 Le loup fut très en colère, mais il pensa qu'il trouverait bien le moyen de venir à bout du petit cochon. Il dit seulement :

« Petit cochon, je sais où il y a un beau pommier tout couvert de pommes mûres.

— Où ça ? dit le cochon.

— Là-bas, dans le verger de la cure. Si tu veux tenir ta parole, je viendrai te chercher demain matin à cinq heures pour y aller. »

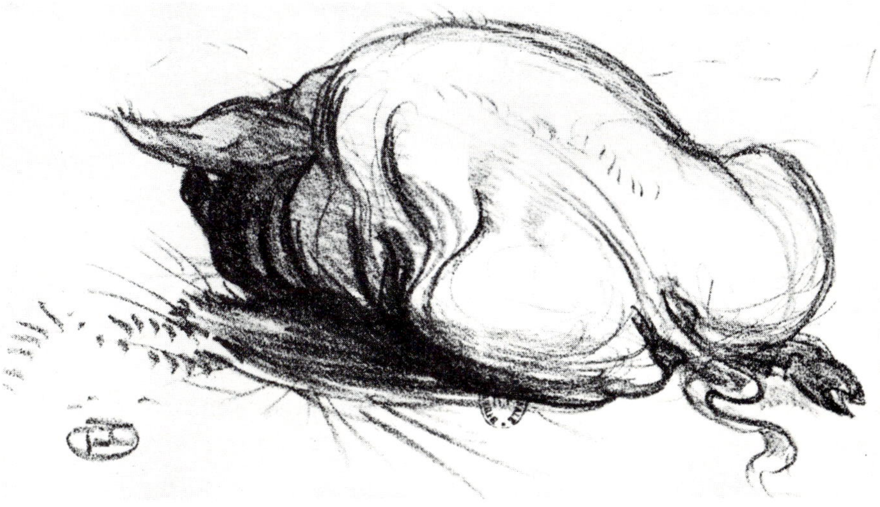

III *Un bon souper*

1 Le petit cochon ne dit rien, mais il se leva à quatre heures et courut chercher les pommes. Il espérait bien être rentré avant l'arrivée du loup. Mais il lui fallut longtemps pour grimper en haut de l'arbre. Aussi, juste comme il allait descendre, il vit arriver le loup. Celui-ci lui dit :

« Comment ! tu es déjà là ? Est-ce que les pommes sont mûres ?

— Certainement, dit le petit cochon. Goûte ! »

Et il jeta la pomme au loin. Pendant que le loup allait la ramasser, le petit cochon sauta par terre et courut à sa maison.

2 Le lendemain, le loup revint de nouveau et dit :

« Petit cochon, il y a une foire à la ville, cet après-midi. Veux-tu venir ?

— Oh ! oui, dit le cochon. A quelle heure ?

— A trois heures, dit le loup. »

Comme d'habitude, le petit cochon partit bien avant l'heure, et il alla à la foire où il acheta une baratte.

3 Il était en train de la faire rouler jusque chez lui quand il vit venir le loup. Alors, il se cacha dans la baratte et la fit rouler en bas de la colline, si vite que le loup prit peur et s'enfuit chez lui.

Le loup alla vers la maison du cochon et lui raconta combien il avait eu peur d'une grosse chose ronde qui roulait toute seule sur la route.

Alors, le petit cochon se mit à rire en disant :

« C'était moi ! Je t'ai bien fait peur, alors ! »

4 Le loup fut si en colère qu'il voulut descendre par la cheminée pour manger le petit cochon. Mais celui-ci se dépêcha de mettre une grande marmite d'eau sur le feu. Juste comme le loup descendait, il ôta le couvercle, et le loup tomba dans l'eau bouillante !

Le petit cochon remit bien vite le couvercle, et quand le loup fut cuit, il le mangea pour son souper.

(Adapté de Miss Sara Cone Bryant,
Comment raconter des Histoires à nos Enfants, Fernand Nathan)

La plus belle queue

I *Une grande foire*

1 Dans ce temps-là, les animaux n'avaient pas de queue. Pas plus le renard que le lapin, pas plus la belette que la souris.

Un jour, le bruit se répandit qu'il allait y avoir une grande foire ; une foire comme on n'en avait jamais vu et où des queues seraient vendues.

2 Le renard courait vite. Il courut plus vite encore et arriva le premier à la foire.

C'était vrai. Il y avait là des tas de queues à vendre : des grosses, des minces, des longues, des courtes, des touffues, des râpées, de toutes lisses ou grenues et râpeuses...

3 Le renard regarda partout, chercha bien et se choisit celle qui était la plus touffue et la plus belle.

Tout fier, il s'en retournait chez lui quand il rencontra le chien.

« Reste-t-il encore des queues à vendre ? demanda le chien.

— Oui, oui, dit le renard. Il en reste encore beaucoup, mais pas tout à fait aussi belles que la mienne... »

4 Mais le chien se trouva, lui aussi, une queue qui le contenta.

Il s'en retournait chez lui quand il rencontra le chat.

« Reste-t-il encore des queues à vendre ? demanda le chat.

— Oui, oui, répondit le chien. Il en reste encore beaucoup, mais pas tout à fait aussi belles que la mienne. »

5 Le chat, pourtant, se trouva une longue queue, joliment rayée et qui avait l'air de remuer toute seule.

Il s'en retournait chez lui, quand il rencontra le cheval.

II *Une jolie petite queue*

1 Donc, le chat s'en retournait chez lui, quand il rencontra le cheval.

« Reste-t-il encore des queues à vendre ? demanda le cheval.

— Oui, oui, dit le chat. Il en reste encore beaucoup, mais pas tout à fait aussi belles que la mienne. »

2 Le cheval trouva quand même une grande belle queue qui lui plut, avec de longs crins.

Il s'en retournait chez lui, quand il rencontra la vache.

« Reste-t-il encore des queues à vendre ? demanda la vache.

— Oui, oui, il y en a encore, répondit le cheval. Mais les plus touffues, les plus poilues sont vendues et celles qui restent ne sont pas bien belles. Tu peux tout de même aller voir... »

3 La vache chercha longtemps. Elle finit par dénicher une longue queue qui ressemblait à de l'herbe sèche.

Longtemps après tout le monde, arriva enfin le petit cochon.

« Y a-t-il encore une petite queue, grognait-il, y a-t-il encore une petite queue ? »

4 Il ne restait plus pour le cochon qu'une petite queue en tire-bouchon.

Il la trouva très jolie et se l'attacha immédiatement.

« J'ai une jolie petite queue, grognait-il, tout content, j'ai une jolie petite queue... » Et il la regardait tout le temps.

5 Mais nous, nous savons bien que c'est le renard qui avait choisi la plus belle...

Et depuis ce temps-là, les bêtes ont toujours porté une queue...

(NATHA CAPUTO, *Contes des quatre Vents*, Fernand Nathan)

Le petit Chacal et le Crocodile

I *Le Crocodile attrapera-t-il le petit Chacal ?*

1 Le petit Chacal aime beaucoup les coquillages. Il descend chaque jour au bord du fleuve, pour y chercher des moules et des crabes.

Un jour, il met sa patte dans l'eau, sans bien regarder, — et snap ! en un clin d'œil, le vieux Crocodile la happe dans sa gueule.

« Pauvre de moi ! pense le petit Chacal, j'ai ma patte entre ses vilaines mâchoires, il va me tirer dans l'eau, et me manger. Qu'est-ce que je pourrais bien faire pour qu'il me lâche ? »

2 Il réfléchit, puis se met à rire tout haut.

« Oh ! Oh ! Oh ! est-ce qu'il est aveugle, Monseigneur Crocodile ? Il a attrapé une vieille racine, et il croit que c'est ma patte : oh ! oh ! oh ! j'espère qu'il la trouvera tendre ! »

3 Le vieux Crocodile, enfoncé dans la vase, se dit : « Tiens, je me suis trompé. » Et il desserre les mâchoires.

Le petit Chacal se sauve en criant : « Monseigneur Crocodile, c'est bien aimable à vous de me laisser partir... »

4 Après cela, le petit Chacal n'ose plus aller au bord de la rivière, mais il trouve bientôt un jardin de figues sauvages. Elles sont si bonnes qu'il va tous les jours en manger.

Le vieux Crocodile s'en aperçoit, et décide de capturer le petit Chacal. Il rampe jusqu'au jardin. Il fait un gros tas de figues sauvages, et se cache dessous.

II *Une petite investigation*

1 Le petit Chacal arrive en dansant, heureux et sans souci. Mais, en regardant avec soin autour de lui, il voit le gros tas de figues.

« Hum, pense-t-il, ça ressemble tout à fait à une ruse de mon ami le Crocodile. Je vais faire une petite INVESTIGATION... »

2 Il se tient tranquille, et se met à parler tout haut. Il dit :

« Les figues que je préfère sont les figues bien mûres et fendues, qui tombent quand le vent souffle : et, quand elles sont tombées, le vent les fait bouger sur le sol, de-ci, de-là. Les figues de ce gros tas ne bougent pas du tout ; je pense qu'elles doivent être mauvaises. »

3 Le vieux Crocodile, caché sous le tas de figues, entend ces paroles et se dit :

« Peste soit du petit Chacal ! Il faut que je fasse bouger ces figues, et il croira que c'est le vent. »

Il se met donc à se tortiller si fort, que les figues roulent et que l'on aperçoit les écailles de son dos.

4 Le petit Chacal, aussitôt, se sauve en criant :

« Merci encore, Monseigneur Crocodile, vous êtes bien aimable de vous montrer ! Je n'ai pas le temps de vous saluer. Bonjour !... »

Le vieux Crocodile est fou de rage, et il jure qu'il aura le petit Chacal, chair et os. Il rampe jusqu'à la maison du petit Chacal, enfonce la porte, et se glisse à l'intérieur.

5 Peu après, le petit Chacal arrive en dansant, heureux et sans souci. Mais, en regardant avec soin autour de lui, il voit que la terre est tout aplatie, comme si on avait traîné des troncs d'arbres.

« Qu'est-ce que cela peut bien être ? pense-t-il. »

III *Séché et fumé*

1 Le petit Chacal voit que la porte de sa maison est enfoncée, et que les gonds sont arrachés. Alors, il se dit :

« Je vais faire une petite IN-VES-TI-GA-TION ! »

Et il commence à parler tout haut, comme d'habitude :

2 « Comme c'est drôle ! Pourquoi ne me parles-tu pas, petite maison ! D'ordinaire, tu me dis bonjour, quand je rentre. Qu'est-ce qui peut bien être arrivé à ma petite maison ? »

Le vieux Crocodile pense : « Bon ! je vais parler, comme si j'étais la petite maison, sinon il n'entrera jamais ! »

3 Il prend une voix aussi douce qu'il peut :

« Allô ! Allô ! petit Chacal ! »

A cette voix, le petit Chacal se dit :

« Si je ne viens pas à bout, cette fois, du méchant Crocodile, c'est lui qui viendra à bout de moi ! »

4 Il réfléchit un moment, puis il dit gaiement :

« Merci, petite maison, je suis content d'entendre ta voix, je vais entrer tout de suite, laisse-moi seulement chercher du bois, pour faire cuire mon dîner... »

5 Il ramasse autant de bois qu'il peut, et encore autant ; il empile tout ce bois contre la porte de la maison, et il y met le feu.

Et le bois fait tant de flammes et de fumée que le vieux Crocodile est séché et fumé comme un hareng saur !

(Adapté de Miss SARA CONE BRYANT,
Le petit Chacal et le Crocodile, Fernand Nathan)

Le loup, le cochon, la cane et l'oie

I *Les trois cabanes*

1 Il était une fois un cochon, une cane et une oie. Ils n'appartenaient pas à la même fermière. Mais un jour, la cane, qui barbotait dans la rivière, entendit les conversations des laveuses :

« C'est demain la fête au village, disait l'une : nous allons tuer notre cochon et nous nous régalerons.

— Chez nous, nous tuons notre oie.

2 — Moi, ajouta une voix que la cane connaissait bien, je vais tuer ma cane qui est grasse. »

La cane aussitôt se met à courir aussi vite qu'elle peut et prévient ses deux camarades.

Alors les trois amis décident de se sauver tout de suite dans le bois et de s'y cacher.

3 En arrivant au bois, la cane dit :

« Je suis lasse, je ne puis plus marcher...

— Commère la cane, il faut te faire une maison », lui disent les deux autres qui continuent à marcher.

La cane ramasse de la paille, des brindilles et des feuilles, et se fait une petite cabane.

4 Plus loin, l'oie dit à son tour :

« Je suis lasse, je ne peux plus marcher.

— Commère l'oie, il faut te faire une maison », lui dit le cochon qui continue à marcher tout seul.

L'oie cherche des branches qu'elle emmêle bien les unes dans les autres pour se faire une cabane.

5 Le cochon, lui, s'arrête un peu plus loin. Puis il cherche de grosses pierres et se fait des murs bien solides. Enfin il cloue des planches par-dessus, et quand la maison est finie, il enfonce dans le toit de grands clous, la pointe en l'air.

II *Le gros loup*

1 Mais dans le bois, il y avait un gros loup qui aurait bien mangé les trois amis.

« Oh ! Oh ! Oh ! dit-il, voilà du bon gibier pour moi. »

Il court à la maison de la cane.

« Pan, pan, pan ! Cane, ouvre-moi ta porte. Ou bien je vais monter sur ta maison.

Je vais sauter,
Je vais danser,
Et ta maison va s'écrouler.

— Monte, dit la cane, je n'ai pas peur de toi. »

Alors le loup est monté, il a sauté, il a dansé, et la maison s'est écroulée. Mais la cane avait filé chez l'oie.

2 Le loup court à la maison de l'oie.

« Pan, pan, pan, Oie, ouvre-moi la porte. Ou bien je vais monter sur ta maison.

Je vais sauter,
Je vais danser,
Et ta maison va s'écrouler.

— Monte, dit l'oie, je n'ai pas peur de toi. »

Alors le loup est monté, il a sauté, il a dansé, et la maison s'est écroulée.

Mais la cane et l'oie avaient déjà filé chez le cochon.

3 Le loup court à la maison du cochon.

« Cochon, cochon, ouvre-moi la porte, ou bien je vais monter sur ta maison.

Je vais sauter,
Je vais danser,
Et ta maison va s'écrouler.

— Monte, dit le cochon, je n'ai pas peur de toi. »

4 Alors le loup est monté, il a sauté et les pointes des clous le piquaient, le piquaient !

« Aïe ! Aïe ! Aïe ! Oh ! que j'ai mal aux pattes ! »

Et il sauta bien vite en bas, pendant que le cochon, la cane et l'oie riaient de toutes leurs forces.

III *Brûlé tout vif !*

1 Le loup est bien attrapé. Il regarde par la petite fenêtre, et il voit dans la cabane le cochon, la cane et l'oie qui se chauffent près d'un bon feu.

« Cochon, cochon, dit-il, j'ai froid. Laisse-moi entrer dans ta maison pour que je me chauffe un peu.

— Non, tu nous mangerais.

— Eh bien ! laisse-moi chauffer seulement le bout de ma queue. »

2 Le cochon entrebâille un peu la porte et le loup passe sa queue dans la maison. Mais le cochon lui pince la queue bien fort entre la porte et le mur ; le loup n'ose pas crier.

« Et maintenant que j'ai chaud à la queue, dit le loup, laisse-moi passer les pattes de derrière. »

Le cochon laisse entrer le train de derrière, et serre bien fort les flancs du loup avec la porte, mais le loup n'ose pas crier.

3 « Et maintenant que j'ai chaud au derrière, dit le loup, laisse-moi passer les pattes de devant. »

Le cochon laisse entrer le train de devant et lui serre le cou si fort que le loup a bien de la peine à souffler et à parler.

« Et maintenant que j'ai chaud par devant, dit le loup, laisse-moi entrer tout entier. »

4 Le cochon ouvre la porte toute grande, le loup entre et dit :

« Et maintenant, je vais vous manger tous les trois.

— Oh ! mon pauvre loup, dit le cochon, je vois les chiens du château qui viennent par ici. Tu es perdu.

— Cachez-moi vite, dit le loup.

— Tiens, mets-toi dans le coffre. »

5 Le loup entre dans le coffre. Le cochon referme le coffre bien vite, puis il prend un vilebrequin et il perce des trous dans le couvercle.

« Qu'est-ce que j'entends ? dit le loup.

— Tais-toi, tais-toi, dit le cochon, ce sont les chiens qui grattent avec leurs pattes pour te trouver. »

Le cochon prend une grosse marmite d'eau bouillante qui chauffait sur le feu, et, par les trous, il verse l'eau dans le coffre.

6 « Aïe ! Aïe ! Aïe ! fait le loup. Ça me brûle, ça me brûle !

— Tais-toi, tais-toi, dit le cochon, les chiens vont t'entendre. »

Le cochon a continué de verser l'eau bouillante et le loup a été brûlé tout vif. Après, les trois amis l'ont sorti du coffre et l'ont traîné dehors.

Ensuite, ils ont vécu tranquilles dans la maison du cochon.

Et cric ! Et crac !
Voilà l'histoire sortie de mon sac !

(Adapté de PAUL DELARUE, *L'Amour des Trois Oranges*, Éditions Hier et Aujourd'hui)

Le gros tigre

I *Un tigre très féroce*

1 Cette fois, c'est l'histoire d'un gros tigre qui se croit le roi de la forêt.

Mais un rusé petit chacal sera plus fort et plus habile que lui. Un chacal, c'est une sorte de loup ou de renard des pays chauds.

2 Dans une forêt vivait un gros tigre. Quand il voulait manger, il sortait de sa caverne et rugissait.

Quand il avait rugi deux ou trois fois, toutes les autres bêtes étaient si effrayées qu'elles couraient çà et là pour se sauver, et le tigre n'avait qu'à sauter dessus et les manger.

3 Il fit cela si souvent, qu'à la fin il ne resta plus dans la forêt que lui-même et un couple de petits chacals.

Un jour, le tigre découvrit leur retraite :

« Ah ! c'est vous, misérables, qui me faites attendre ainsi ! Ne savez-vous pas que je vous fais trop d'honneur en vous mangeant ? Arrivez ici. »

4 Petit père chacal salua très bas.

« Vraiment, Sire, que Votre Majesté ne se mette pas en colère. Nous aurions dû venir plus tôt, mais il y a là-bas un gros tigre.

— Un tigre ? rugit la bête féroce. Un tigre ! dans ma forêt ? Je suis le seul tigre ici, ne le savez-vous pas ?

II *L'autre tigre*

1 — Oh ! mais, Votre Majesté, dit le rusé petit chacal, c'est un vrai tigre, au moins aussi gros que vous. Je crois que si vous pouviez le voir, il vous ferait peur.

— Peur ! à moi ! à moi, le roi de la forêt ! Mène-moi vers ce tigre, et nous verrons bien. »

2 Les chacals le conduisent à un endroit où il y a un puits profond tout plein d'eau claire.

« Regardez dans le puits, Sire, dit le père chacal, Votre Majesté y verra l'autre tigre. »

3 Le tigre s'approche et regarde dans le puits ; et naturellement il y voit la figure d'un tigre qui le regarde aussi. Il se met à grincer des dents et à secouer la tête, et le tigre dans le puits secoue la tête et grince des dents.

Le tigre fronce les sourcils et se met en fureur ; et l'autre tigre fronce les sourcils et se met en fureur également, comme de juste.

4 Alors, tout en rage, le tigre saute dans le puits pour attraper son ennemi. Mais le puits est très profond, et l'eau est très froide. Les murs sont lisses et glissants, et le tigre ne peut arriver à grimper le long, de sorte qu'il finit par être noyé.

(Miss Sara Cone Bryant,
Comment raconter des Histoires à nos enfants, Fernand Nathan)

Le lièvre et les crocodiles

I *Comment traverser la mer ?*

1 Il était une fois, loin, bien loin d'ici, dans l'île d'Oki, un petit lièvre blanc qui s'ennuyait.

Ce petit lièvre s'ennuyait tellement qu'il décida un jour de quitter son île, pour aller vivre sur la côte du pays voisin d'Inaba.

2 Mais la côte était loin, et le lièvre blanc ne pouvait traverser à la nage. Il ne savait comment faire.

Le lièvre blanc allait et venait sur le rivage en regardant les vagues vertes et blanches, avec, derrière, le pays d'Inaba, ses champs, ses forêts et ses coteaux sentant bon les fleurs.

« Comment rejoindre la côte ? » se demandait le petit lièvre blanc.

3 Un jour, une idée vint au lièvre blanc. Il dit aux crocodiles de mer :

« Très honorés crocodiles de mer, nous allons compter combien il y a de crocodiles de mer et combien il y a de lièvres dans ce canton. »

Les crocodiles de mer réfléchirent et répondirent :

« C'est une bonne idée, très honoré lièvre. Mais comment allons-nous faire ?

4 — Nous commencerons, dit le petit lièvre blanc, par messieurs les crocodiles de mer. Écoutez-moi bien tous. Vous y êtes ?

Que chacun de vous vienne s'aligner l'un derrière l'autre, d'ici au cap Kita que vous voyez en face.

5 Quand vous serez tous bien alignés, tête contre queue et ainsi de suite, je vous ferai signe, je passerai en courant sur votre dos à tous, et je vous compterai l'un après l'autre en passant. »

Les crocodiles de mer réfléchirent longuement et dirent :

« Ce lièvre d'Oki a raison. »

II *Un... Deux... Trois...*

1 « Ce lièvre d'Oki a raison », dirent les gros crocodiles de mer après avoir longuement réfléchi.

2 « Quand j'aurai fini de vous compter, continua le lièvre en se faisant aussi gentil que possible, nous compterons les lièvres. Ainsi nous saurons, par des chiffres exacts, s'il y a plus de crocodiles de mer que de lièvres ou s'il y a plus de lièvres que de crocodiles de mer. »

3 Les crocodiles de mer réfléchirent encore un peu et dirent :

« Nous allons donc nous mettre en ligne. »

Alors les gros crocodiles de mer vinrent tous et se mirent en ligne, l'un derrière l'autre, tête contre queue, et ainsi de suite de l'île d'Oki au cap Kita.

4 Et notre petit lièvre blanc marcha gravement sur leur dos en comptant :

« Un crocodile de mer, deux crocodiles de mer, trois crocodiles de mer, quatre crocodiles..., quarante-trois crocodiles de mer, quarante-quatre crocodiles de mer, quarante-cinq crocodiles... »

Et ainsi de suite, tout le long de la mer.

III *Il faut savoir se taire*

1 Le petit lièvre blanc arriva au dernier crocodile. Alors il se mit à rire et compta :

« Un imbécile de mer ! Deux imbéciles de mer !... O crocodiles de mer... si vous saviez à quel point cela peut m'être égal de savoir combien vous êtes ! Mais j'avais besoin d'un pont pour passer de l'île à la terre ferme. »

2 Et il ajouta :

« Je vous ferai signe, un jour ou l'autre, si jamais j'ai envie de m'en retourner. »

Hélas ! très content de son succès, le petit lièvre blanc avait trop tôt plaisanté !

3 Il avait trop tôt cru à sa victoire, car il n'avait encore qu'une patte sur le rivage.

Le dernier crocodile de mer, qui pour mieux l'entendre s'était retourné, ouvrit furieusement ses mâchoires et, d'un coup sec, lui enleva la queue et toute sa culotte de fourrure.

4 « Oh ! dit le lièvre blanc en pleurant, car il avait très mal, il ne faut jamais chanter victoire avant de la tenir. Je suis justement puni, non pour avoir été trop rusé, mais pour n'avoir pas su me taire. »

Et le lièvre se mit en gémissant un cataplasme sur le derrière.

Puis il resta assis jusqu'à ce qu'il lui repoussât une autre culotte de fourrure.

(Roger Devigne & André Hellé,
Les douze plus belles fables du monde, Berger-Levrault)

La petite poule rousse

I *La petite poule en grand danger*

1 Il y avait une fois une petite poule rousse qui vivait dans sa petite maison, toute seule au milieu des bois.

Un renard, habile et rusé, demeurait sur une colline, pas loin de là, et rêvait jour et nuit, au moyen d'attraper la petite poule rousse.

« Comme elle doit être tendre ! pensait-il. Si seulement je pouvais la mettre à bouillir, dans ma grande marmite ; quel fameux souper, pour ma vieille mère et pour moi ! »

2 Mais la petite poule rousse était fine et prudente. Toutes les fois qu'elle sortait, elle fermait sa porte, et prenait sa clé. Et, quand elle rentrait, elle s'enfermait soigneusement, et mettait la clé dans la poche de son tablier, avec son dé et ses ciseaux. N'oubliez pas les ciseaux...

3 A la fin, le renard pensa qu'il avait trouvé un bon moyen. Il partit de grand matin, en disant à sa vieille mère :

« Mets la grande marmite sur le feu ; nous aurons la petite poule pour notre souper. »

Il mit sous son bras un grand sac, et courut jusqu'à la maison de la petite poule.

4 Elle venait justement de sortir, pour ramasser des copeaux, afin d'allumer son feu. Et ce jour-là, elle avait oublié de fermer sa porte...

« Je vais fermer la porte, et après, je serai bien tranquille. »

5 Et comme elle se retournait, elle vit le renard, avec son grand sac sur l'épaule ! Hou ! Comme la petite poule fut effrayée ! Mais elle ne perdit pas la tête. Elle laissa tomber ses copeaux, et vola sur la plus haute armoire, d'où elle cria au vilain renard :

« Tu ne me tiens pas encore !

— Nous allons voir ça », dit le renard.

II *Un fameux souper*

1 Le renard se planta sur le plancher, juste au-dessous de la petite poule rousse, et il se mit à tourner, à tourner après sa queue, tout en rond, et de plus en plus vite. La pauvre petite poule en fut si étourdie qu'elle perdit l'équilibre. Et elle tomba juste dans le grand sac, que le renard avait posé tout ouvert, à côté de lui !

2 Il jeta le sac sur son épaule, et partit pour sa caverne, où la marmite bouillait sur le feu.

Il lui fallait monter toute la colline, et le chemin était long... La petite poule rousse était encore tout étourdie, mais, au bout d'un moment, elle reprit ses sens. Elle tira alors ses ciseaux de sa poche, et clip, clip ! fit un petit trou dans le sac, et passa sa tête au-dehors.

3 Le renard, très fatigué, décida de s'asseoir au bord d'un champ, près d'un gros tas de pierres. Aussitôt, la petite poule fendit à nouveau le sac, clip, clip ! se glissa dehors, et vite, vite, y fourra une grosse pierre.

Après quoi, elle se sauva, et courut jusqu'à sa maison où elle s'enferma bien soigneusement.

Le renard, bien reposé, continua sa route en se disant :

« Comme cette petite poule rousse est lourde ! Je ne la croyais pas si grasse ! Elle va me faire un fameux souper ! »

4 Dès qu'il arriva à la caverne, sa vieille mère lui cria :

« As-tu la petite poule ?

— Oui, oui, dit-il. Est-ce que l'eau est chaude ?

— Elle bout à gros bouillons, dit la vieille mère.

— Alors, attention ! Ote le couvercle, je secouerai le sac, et ferai tomber la petite poule rousse dans la marmite. Et toi, tu veilleras... de crainte qu'elle ne s'envole. »

5 Le renard ouvre un peu le sac, sans regarder dedans, le prend par le fond, et le secoue au-dessus de la marmite...

Plouf ! Plouf ! La grosse pierre tombe dans la marmite, qui se renverse, et qui échaude le renard, et sa vieille mère.

Ils furent tellement brûlés qu'ils en moururent.

Et la petite poule rousse resta dans sa petite maison, où elle vécut heureuse tous les jours de sa vie.

(Adapté de Miss Sara Cone Bryant,
La petite poule rousse, Fernand Nathan)

L'Ours, le Renard et le pot de miel

I *Comment manger le miel de l'Ours ?*

1 Il y avait une fois un Ours et un Renard. Chacun vivait dans sa petite maison.

Et l'Ours, qui était gourmand et prévoyant, gardait un grand pot de miel dans son grenier.

Le Renard était gourmand, lui aussi, et il aurait bien voulu manger de ce miel.

2 « Comment faire, pensait-il, comment faire pour entrer dans le grenier de l'Ours ? »

Un soir, il vient chez l'Ours et toc ! toc ! il frappe aux carreaux.

« Qui est là ? demande l'Ours.

— Moi, dit le Renard, moi, ton voisin... J'ai de gros ennuis, compère Ours !

3 — Quels ennuis, compère Renard ? demande l'Ours.

— Le vent a arraché une partie du toit de ma maison et j'ai froid chez moi. Ne puis-je venir passer la nuit chez toi, compère Ours ?

— Bien sûr que si, compère Renard. Entre et chauffe-toi. »

4 Le Renard entre et s'allonge près de l'Ours. Sa queue va et vient, va et vient. Il réfléchit. Comment monter dans le grenier de l'Ours ?

L'Ours s'est endormi, le museau sur les pattes.

« Toc ! Toc ! (Le Renard frappe le plancher avec sa queue.)

5 — Qui est là ? demande l'Ours. Qui a frappé ?

— Ce sont mes amis qui viennent me chercher pour aller à un baptême, répond le Renard.

— Eh bien, vas-y, compère, dit l'Ours qui se rendort. »

Le Renard sort, grimpe au grenier, se gorge de miel et revient se coucher.

II *Quart-de-pot et demi-pot*

1 « Compère, eh ! compère ! comment avez-vous baptisé le nouveau-né ? demande l'Ours.

— *Quart-de-pot,* répond le Renard.

— C'est un drôle de nom, grogne l'Ours ; mais après tout, pourquoi pas ? »

2 La nuit suivante, les deux amis se couchent de nouveau.

Et de nouveau, toc ! toc ! le renard frappe le sol avec sa queue...

« Compère Ours, compère Ours, mes amis viennent me chercher pour un autre baptême...

— Eh bien ! vas-y, compère, vas-y, répond l'Ours. »

Le Renard retourne au grenier, vide le pot de miel jusqu'à la moitié, puis revient se coucher.

3 « Compère, eh ! compère ! Comment l'avez-vous baptisé, celui-là ? demande l'Ours.

— *Demi-pot,* répond le Renard.

— Demi-pot ? C'est encore un drôle de nom... Mais pourquoi pas, après tout », grogne l'Ours.

Et il se rendort.

4 La troisième nuit, le Renard frappe encore le sol avec sa queue.

« Compère Ours, compère Ours, mes amis sont encore venus me chercher pour un baptême...

— Bon ! dit l'Ours. Mais ne reste pas trop longtemps dehors. J'ai envie de faire des crêpes au miel.

— Oh ! alors, je reviens aussi vite que possible », dit le Renard.

III *Fond-de-pot*

1 Il monte au grenier, vide complètement le pot de miel, en lèche les bords et le fond, puis revient près de l'Ours.

L'Ours a déjà commencé à préparer la pâte pour les crêpes.

2 « Eh bien ! compère, demande-t-il, comment l'avez-vous baptisé ce troisième nouveau-né ?

— *Fond-de-pot.*

— Fond-de-pot ? Vous choisissez vraiment de curieux noms, compère Renard, toi et tes amis... Enfin, celui-ci est plus joli que les autres... Allons, aide-moi à faire ma pâte, verse encore un peu de lait. »

3 Bientôt, la pâte est prête.

« Tu as du miel, compère Ours ? demande le Renard.

— Oui, dit l'Ours, un plein pot.

— Et où ça ? demande le Renard d'un air innocent.

— Dans mon grenier, dit l'Ours. Attends-moi un instant, je monte le chercher. »

4 L'Ours grimpe au grenier.

« Oh ! grogne l'Ours tout étonné. Il n'y a plus une goutte de miel dans mon pot ! Ah ! mais ! Qui donc l'a mangé ? C'est toi qui as mangé mon miel, compère Renard ! crie-t-il en revenant. Qui ? Sinon toi.

IV *Qui a mangé le miel ?*

1 — Voyons, compère Ours, répond le Renard. Tu sais bien que je ne l'ai pas même vu, ton miel. C'est toi qui l'auras mangé, c'est sûr ! Et tu as oublié, sans doute. »

L'Ours se gratte la tête ; il essaie de se rappeler. L'aurait-il vraiment mangé, ce miel ? Il réfléchit...

2 « Eh bien, dit-il, au bout d'un moment, nous verrons bien. Allons nous étendre au soleil, et celui qui aura des gouttelettes de miel sur son ventre sera celui qui a mangé le miel.

— D'accord, dit le Renard. »

3 Tous deux s'étendent au soleil, le ventre en l'air. L'Ours s'endort. Mais le Renard, lui, reste éveillé. Il surveille son ventre.

Et voilà qu'au chaud soleil, une gouttelette de miel, puis deux, puis trois, fondent sur sa fourrure.

Vite, il les prend et les étale sur le ventre de l'Ours.

« Compère, eh ! compère ! crie-t-il ensuite en le secouant. Regarde un peu qui a mangé le miel ! Est-ce toi, ou est-ce moi ? »

4 L'Ours se réveille et voit ses poils tout collants.

« Eh oui, dit-il, il faut bien croire que c'est moi... Mais tout de même, manger un pot de miel entier sans m'en apercevoir !...

— Tu l'auras fait en dormant, dit le Renard. C'est bien dommage pour les crêpes... »

(NATHA CAPUTO, *Contes des quatre Vents*, Fernand Nathan)

Papa-Tortue et Cochon-Méchant

I *Un Papa-Tortue bien triste*

1 Éya, éya, éya, é !

Cette fois, il n'y a plus moyen de faire autrement.
Il faut aller chez Cochon-Méchant
lui demander de l'argent !

Le pauvre Papa-Tortue est tout triste et abattu.
Mais que faire ?
Il n'y a plus de mil
plus, plus, plus.

2 Oh ! cette tornade déchaînée, et la foudre qui est tombée sur le grenier
En plein sur le grenier !
Tout a brûlé.
Plus de mil.
Plus le moindre grain de mil.

Éya, é !

Monsieur-Tortue avait si bien travaillé, avait si bien récolté,
qu'il avait à manger pour toute la maisonnée.
3 Mais maintenant tout est brûlé.
Monsieur-Tortue retourne toujours les mêmes idées...
ses enfants sont affamés...
que leur donner à manger ?

Éya, éya, éya, é !

Il a visité ses voisins qui lui ont donné quelques grains, mais il ne peut plus leur en demander, car eux-mêmes ont beaucoup d'enfants, et ils sont pauvres assurément.

4 Papa-Tortue baisse le nez
puis
tristement
s'en va
chez Cochon-Méchant.

Monsieur-Cochon est TRÈS méchant.
Il a beaucoup, beaucoup d'argent.
L'argent lui a mangé le cœur
et Cochon-Méchant est sans cœur.

5 Il écoute Papa-Tortue lui raconter tous ses malheurs.
Il dit alors :
« Vous êtes un fainéant !
— Oh ! dit Monsieur-Tortue, j'ai toujours travaillé. Mais la foudre est tombée. Tout mon mil est brûlé... j'ai des enfants... et je voudrais... je voudrais bien... si vous vouliez... me prêter... un peu d'argent. »

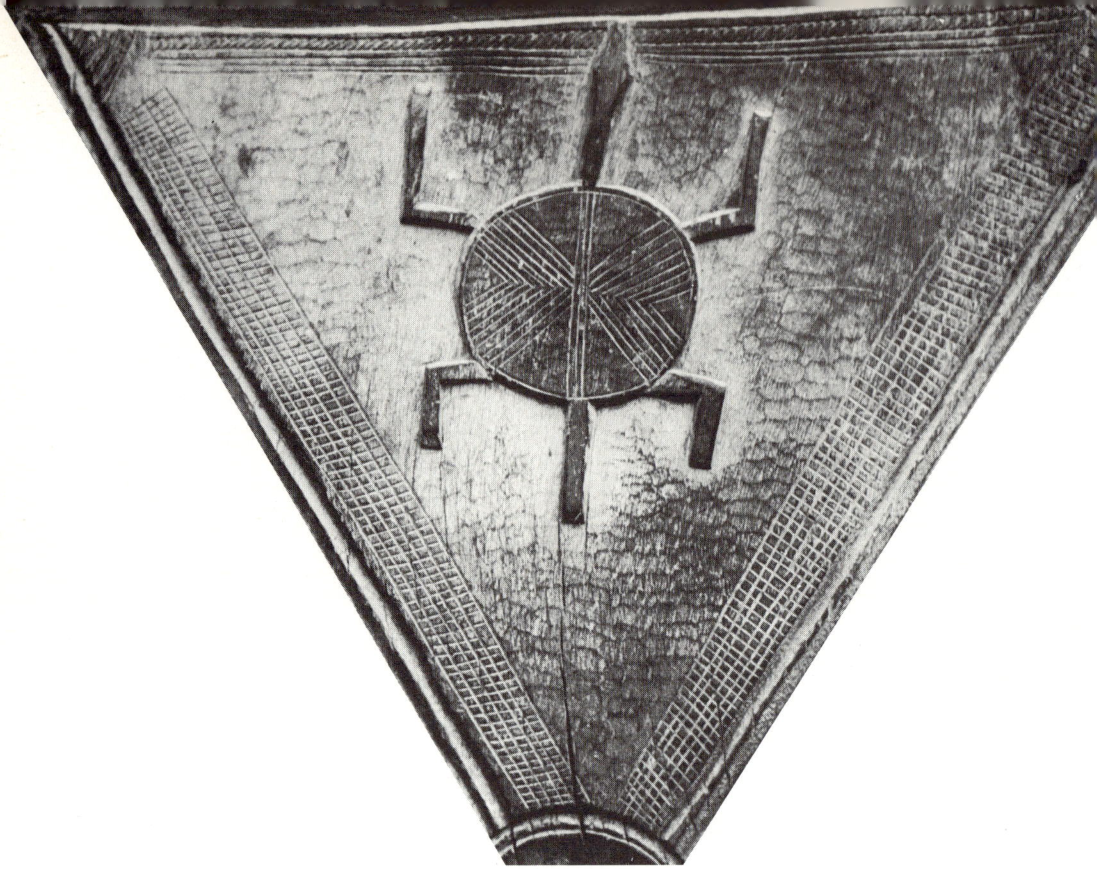

II « *Il faudra m'en rendre mille!* »

1 Monsieur-Cochon, les yeux clignés, fume sa pipe, sa longue pipe en paille de mil.

Et tout soudain, il crie :

« Un peu d'argent ! Un peu d'argent ! Et pour le rendre quand ?

— Mais... à la récolte du mil. Je ne peux pas avant.

— Je peux vous prêter deux cents francs.

— Deux cents francs ? Seulement ! Mes enfants...

— Pff ! fait Cochon-Méchant, je peux garder ces deux cents francs.

— Non, dit Monsieur-Tortue, mais j'aurais cru...

2 — Voilà donc cet argent. A la récolte du mil, il faudra m'en rendre mille.

— Mille ? Mille... francs ?

— Évidemment !

— Comment ! Mais vous m'en prêtez deux cents ! »

Méchant-Cochon fume sa pipe, sa longue pipe en paille de mil.
« Oui, j'en prête deux cents, et j'en exige mille. Et si vous êtes mécontent, laissez donc cet argent. »
Papa-Tortue baisse le nez.
Mais la foudre... la foudre est tombée.
3 Il pense à ses enfantelets
ses tortelettes et tortelets
si maigrelettes et maigrelets.
Il est rempli de désespoir.
« J'accepte, dit-il. Au revoir.
— Mais il faudra m'en rendre mille !
— Oui, il faudra en rendre mille.
— A la récolte du mil !
— A la récolte du mil. »

4 Et les jours se sont écoulés.
Papa-Tortue a travaillé
sué
peiné.

Mais ces deux billets de cent francs, ah ! ce n'est pas beaucoup d'argent.
On n'a pas pu beaucoup manger.
Tortelettes et tortelets
sont maigrelettes et maigrelets.
5 Maman-Tortue a voulu économiser.
Mais un billet de mille francs, oh ! c'est beaucoup, beaucoup d'argent.
On a compté
un franc
deux francs...
On n'a pas pu atteindre mille francs.

Éya, éya, éya, é !

Le mil à peine récolté, Méchant-Cochon est arrivé.
Monsieur-Tortue l'ayant aperçu
a disparu.

III *Voici Cochon-Méchant !*

1 Dame-Tortue, désespérée, attend Cochon-Méchant.

Il dit :

« Où est votre mari ?

— Il est parti, sûrement pas loin d'ici.

— Et les mille francs ?

— Les mille francs ? Ah oui ! Il ne m'a pas dit où il les a mis.

— Ah ! C'est ainsi ! »

2 Monsieur-Cochon a bien crié, puis méchamment il a dit :

« Je saurai bien me faire payer ! Ou je prendrai tout votre mil ! »

Les tortelettes et tortelets
bien maigrelettes et maigrelets
terrorisés
se sont cachés.

Méchant-Cochon s'en est allé.

Maman-Tortue a bien pleuré.

3 « Quelle méchanceté ! dit le papa tout accablé. Pour deux cents francs, rendre mille francs ! Ou vouloir affamer mes enfants ! »

Pauvre-Tortue plisse le front et cherche une solution.

Tout à coup, il sourit et dit :

« Viens donc, ma mie ! Cochon-Méchant va être bien pris. »

Dame-Tortue a beaucoup ri, en écoutant ce que lui a dit son mari.

4 Et après avoir bien ri, Maman-Tortue jette du mil sur la pierre à mil.

Et puis le pile.

Oh ! la belle farine, fine, fine.

Il y aura à manger pour toute la journée.

Puis la mère cache la pierre derrière des poteries, derrière des vanneries.

Elle aperçoit Cochon-Méchant s'en revenant, tout grondant.

5 Elle le dit à son mari, qui rit
rentre
et se tasse
sous sa lourde carapace.
Tête ni pattes ne dépassent.
Dame-Tortue jette du mil sur son mari et dit :
« Tu es une pierre. Ne bouge plus. Je broie du mil.
Voici Cochon-Méchant ! »

IV *Une ruse qui réussit*

1 Cochon arrive.
Dame-Tortue, très affairée, a continué de travailler.
La farine de mil couvre son mari.

« Où est l'argent ? crie Cochon-Méchant.
— Mon mari ne me l'a pas dit. »
Et Dame-Tortue prend encore du mil !
Et Dame-Tortue broie toujours du mil !

2 Et Monsieur-Tortue, fausse pierre à mil, qui manque d'étouffer, n'ose pas bouger !

Cochon-Méchant, en colère, tape du pied.

« Je prendrai tout votre mil ! »

Maman-Tortue, sans l'écouter, continue à toujours broyer.

Cochon est exaspéré.

3 Il pousse Dame-Tortue, la fait tomber, saisit la fausse pierre et la jette en l'air.

La fausse pierre tombe dans l'eau
d'un marigot.

Floc, fli, floc, flo !

Monsieur-Tortue sortant de l'eau, revient chez lui au grand galop, trouve Cochon criant, Maman-Tortue pleurant.

Éya, éya, éya, é !

4 Quand sa femme lui a expliqué ce qui vient de se passer — comme s'il ne le savait pas — il se tourne vers Cochon-Plus-Que-Méchant :

« Vous venez chez les gens pour leur voler leur mil ! Puis vous jetez à l'eau leurs ustensiles ! Eh bien, rendez-moi la pierre à mil. Sinon, pas d'argent », dit-il.

Monsieur Cochon veut protester.

« Vous êtes un malotru, lui dit Papa-Tortue. Sortez et ne revenez plus, ou alors rapportez ce qui nous est dû ! »

5 Cochon-Méchant
depuis ce temps
fouille la terre en grognant.
Éya, éya, éya, an !
Ne trouve pas la pierre à mil
la pierre à mil.

Éya, éya, éya, i !

On se moque bien de lui
Ah ! c'est bien fait
bien fait
pour lui.

Éya, éya, éya, i !

(ANDRÉE CLAIR, *Eau ficelée et Ficelle de fumée*, La Farandole, Contes recueillis au Tchad et au Cameroun par l'auteur)

Les trois cognées

I *Un bûcheron honnête*

1 Il y a de cela bien, bien longtemps, vivait un pauvre bûcheron qui du matin au soir coupait du bois dans la forêt.

Un jour qu'il travaillait au bord d'une rivière et qu'il tapait de toutes ses forces contre le tronc d'un chêne, le fer de sa cognée se détacha brusquement du manche et plouf ! tomba dans l'eau.

2 Et voilà le pauvre bûcheron qui se lamente :

« Cognée, ma vieille cognée ! Que ferai-je maintenant sans toi ? Tu étais mon gagne-pain, tu étais mon soutien... Nous avons coupé tant d'arbres ensemble... Comment te repêcher ? »

Pendant qu'il se désolait ainsi, avait surgi, on ne sait d'où, un petit vieux à la longue barbe blanche.

« Qu'as-tu à gémir, bûcheron ? demanda le petit vieux.

3 — Ma cognée est tombée dans l'eau, répondit le bûcheron. Je suis bien trop pauvre pour en racheter une autre... Avec quoi gagnerai-je mon pain et celui de mes enfants, à présent ?

— Ce n'est que cela ? dit le vieillard. Attends, ne pleure plus, je vais te rendre ton trésor. »

Il enleva sa veste, plongea dans la rivière et réapparut presque aussitôt.

« Voilà ta cognée, cria-t-il en montrant une étincelante cognée d'or.

— Mais non, ce n'est pas là ma cognée », dit le bûcheron.

4 Le petit vieux replongea et réapparut aussitôt.

Cette fois-ci, il brandissait une cognée d'argent.

« Est-ce celle-là ? cria-t-il.

— Hélas, dit le bûcheron, celle-là non plus n'est pas la mienne. »

Une troisième fois, le petit vieux plongea.

Quand il revint à la surface, il tenait à la main la vieille cognée de fer du pauvre bûcheron.

5 « Ah ! dit ce dernier, en riant, quel bonheur ! Tu l'as retrouvée, ma vieille cognée ! Merci, petit vieux, merci ! et que le ciel te bénisse ! »

Et prenant la cognée, il se préparait à rentrer chez lui lorsque le petit vieux le rappela.

« Tu es un honnête, un brave bûcheron, lui dit-il, et pour ta récompense, je te donne aussi les cognées d'or et d'argent. Va en paix et sois heureux ! »

Vous imaginez la joie du bûcheron !

II *Une bonne leçon*

1 Rentré dans son village, le bûcheron raconta à tout le monde sa merveilleuse aventure ; et tous ceux qui voulaient venaient admirer les cognées d'or et d'argent.

Mais son voisin, son riche et avare voisin se dit :

« Après tout, pourquoi n'irais-je pas, moi aussi ? »

Et le voilà qui va dans la forêt, au bord de la rivière. Et cogne, je te cogne, il fait semblant d'abattre un arbre avec une vieille cognée de fer tout rouillé.

2 Au bout d'un instant, il la laisse glisser dans l'eau.

Et de se désoler, et de se lamenter...

Le petit vieux parut aussitôt.

« Qu'as-tu, bûcheron, à gémir ainsi ?

— Ma cognée, ma belle cognée est tombée dans l'eau... répondit l'avare.

— Ce n'est que cela ? dit le petit vieux. Attends, je vais te la retrouver. »

3 Il enleva sa veste, plongea dans la rivière et réapparut aussitôt tenant la vieille cognée à la main.

« Voilà ta cognée ! cria-t-il.

— Ce n'est pas la mienne, ce n'est pas la mienne », répondit le rusé paysan.

Le petit vieux replongea et revint cette fois avec une cognée d'argent.

« Est-ce celle-ci ? cria-t-il.

— Non, non, ce n'est pas la mienne », répondit le paysan.

4 Le petit vieux plongea une troisième fois et revint aussitôt à la surface. Il tenait à la main une cognée d'or.

« Ah ! s'écria le malhonnête paysan, cette fois-ci je la reconnais, c'est la mienne, c'est ma belle cognée !

— Ah ! oui, vraiment, dit le vieillard, eh bien, attrape-la donc ! »

Et la cognée vint siffler aux oreilles du paysan. Mais hop ! avant qu'il ait eu le temps de la saisir, elle retomba dans l'eau où elle disparut avec le petit vieux.

5 Le mauvais paysan eut beau appeler et se lamenter, personne ne lui répondit plus.

Il s'assit alors au bord de l'eau dans l'espoir de voir réapparaître le petit vieillard à la barbe blanche...

Mais sans doute y est-il encore... Ne l'avez-vous jamais vu ?

(Natha Caputo, *Contes des quatre Vents*, Fernand Nathan)

Les trois amis

I *Comment on fait une bonne soupe*

1 Sur la mer, sur l'océan, sur l'île Bouyan habite le chat savant, endormeur-enjôleur. Tout autour de sa maison, sur les arbres et les buissons, poussent des contes et des chansons. Le chat savant les cueille, les ramasse, dans sa cave les entasse. J'y suis allé par une nuit bien noire, j'ai volé au chat une histoire. Si ça vous plaît, vous n'avez qu'à écouter. On va commencer... Tout le monde y est ?... Alors, voilà :

2 Dans la forêt, dans la clairière, dans une petite chambre, vivaient trois camarades, trois amis, trois frères : un moineau, une souris et une crêpe au beurre. Ils travaillaient comme ils savaient, s'entraidaient comme ils pouvaient. Le moineau allait chercher les provisions, la souris coupait le bois et allumait le feu et la crêpe au beurre faisait cuire la soupe.

Le soir, ça se passait d'habitude comme ça : le moineau rentre des champs. Il est fatigué. Il a froid aux pattes. Et, dans la chaumière, il fait bon, il fait chaud. Le moineau s'asseoit sur le banc et se repose. La souris se dépêche de mettre la table. Et la crêpe au beurre apporte la marmite de soupe. Et quelle soupe ! Épaisse, grasse, beurrée, parfumée...

3 Le moineau dit :

« Une soupe pareille, même le roi des rats ne s'en offre pas tous les dimanches. Et nous, c'est chaque soir comme ça ! »

La crêpe au beurre dit :

« C'est parce que, avant de servir, je plonge dans la marmite, je m'y tourne-retourne, clapotte-barbotte — et voilà la soupe beurrée, assaisonnée ! »

La souris dit :

« Et moi, je ramasse le bois, je le ronge fin-fin pour qu'il brûle bien, j'attise le feu du bout de ma queue, la soupe cuit encore mieux ! »

4 Et le moineau ajoute :

« Et puis, il faut voir avec quoi elle est faite, cette soupe. Rien que des produits de tout premier choix ! C'est moi qui les trouve, c'est moi qui les cueille, c'est moi qui les apporte. Un champignon par-ci, un grain d'orge par-là, deux feuilles de chou, trois pois chiches — c'est ça qui fait la soupe riche ! »

Et tous les trois, ils disent en chœur :

« Oh, la bonne soupe, bien faite, bien cuite, bien mitonnée, bien assaisonnée !... Donnez-m'en encore une assiette, s'il vous plaît ! »

5 Les trois amis ont vécu comme ça, sans soucis ni tracas, jusqu'au jour où le renard vint à passer par là. Il a vu, par la fenêtre, la crêpe assise au coin du feu — une belle crêpe au beurre toute ronde, toute dorée, croustillante ! Le renard l'aurait bien mangée, mais la crêpe ne sortait jamais de la maison et la porte restait fermée au loquet. Et voilà le renard-voleur, le rusé menteur, qui s'en va trouver le moineau dans la forêt.

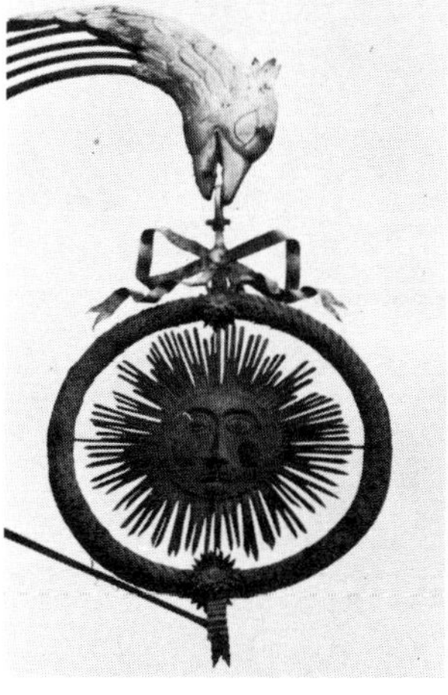

II *Pauvre crêpe au beurre !*

1 Le renard va trouver le moineau et il se met à pleurnicher :

« Mon pauvre ami ! Ça me fend le cœur de te voir te tuer à la peine !... Vrai ! Quand je pense que tes amis n'ont rien à faire de la journée...

— Comment rien à faire ? demande le moineau, tout étonné. Mais ils travaillent, tout comme moi !

— Tu appelles ça travailler ? Un fagot de bois à couper, une soupe à mettre sur le feu — autant dire qu'ils n'ont qu'à se croiser les bras ! Et toi, pendant ce temps, tu cours les champs et les bois du matin au soir !... Je voudrais bien voir la crêpe en faire autant ! Mais pas de danger qu'elle accepte, la grosse paresseuse... »

Et sur ces bonnes paroles, le renard s'en va.

2 Le renard s'en va et le moineau reste là, à réfléchir. Ça ne sait pas très bien réfléchir, un moineau. A force de sautiller, toutes ses petites idées se sont emmêlées dans sa petite tête. Pour lui, le dernier qui a parlé a toujours raison.

Et le moineau se dit :

« Quand j'y pense, le renard a parfaitement raison ! C'est moi qui fais tout le travail. Ce n'est pas juste... Oh-o-o ! Mais il faut que ça change ! et pas plus tard que tout de suite. »

3 Et le moineau a filé à la maison. Il s'est mis en colère, il a tapé du pied, il a battu des ailes : un vrai coq ! Et il a crié ! Et qu'il en avait assez de faire seul tout l'ouvrage. Et qu'il fallait que ça change. Et que demain, c'est à la crêpe d'aller chercher les provisions. La souris fera la soupe, pendant ce temps. Et le bois pour le feu, lui, moineau, s'en charge.

Bon, bon ! C'est entendu comme ça. Et, le lendemain matin, la crêpe au beurre est partie au bois, panier au bras, cueillir les champignons, gauler les noix.

4 Elle roule sur le chemin, la crêpe, et elle ne s'aperçoit pas que le renard-voleur, museau-pointu, queue-rousse, la suit pas à pas, de charmille en buisson, de fourré en broussailles...

La crêpe roule à travers bois et ramasse des coquilles de noix ; elle roule sur la mousse humide et ramasse une cosse de pois vide. En passant sous le chêne-vert, elle cueille un cèpe mangé aux vers, et en traversant l'herbage, elle trouve un oignon sauvage — un peu pourri, mais ça ne fait rien ! Et voilà la crêpe contente, voilà la crêpe heureuse : « Quelle bonne soupe ça va faire ! » Que voulez-vous, elle ne sait pas, elle n'a pas l'habitude.

Juste comme elle se dit qu'il est temps de rentrer à la maison, voilà le renard qui sort son museau pointu de dessous les branches et ham ! il attrape la crêpe par son bord beurré, doré, croustillant.

La crêpe a crié. Et le renard a crié. C'est qu'elle est chaude, la crêpe, brûlante, comme au sortir du four. Le temps que le renard lèche son long museau échaudé et la crêpe est déjà loin — elle roule vers la maison, aussi vite qu'elle peut. Et elle boite, la pauvre ! Le coup de dents du renard lui a enlevé un bon morceau. Alors, pour rouler, ce n'est pas commode...

III *Des amis de nouveau heureux*

1 A la chaumière, pendant ce temps, les choses n'allaient pas beaucoup mieux.

Le moineau était allé chercher du bois. Il a voulu le couper « fin-fin pour que ça brûle bien ». Il a attaqué le bois à grands coups de bec. Mais le bois, ce n'est pas une cosse de pois, ça ne se fend pas aussi facilement. Le moineau s'est obstiné — ce n'est pas le bois qui s'est cassé, c'est le bec du moineau qui s'est tordu. Alors le moineau s'est assis sur le seuil de la porte et il s'est mis à pleurer. Le travail n'est pas fait, et son bec est tout tordu. Il y a de quoi pleurer, pas vrai ?

2 La souris, de son côté, avait préparé la soupe. Elle avait fait de son mieux, mais ce n'était quand même pas la bonne soupe épaisse, grasse, beurrée, parfumée... La souris s'est dit : « Comment faisait-elle, déjà, la crêpe ?... « Je plonge dans la marmite, je tourne-retourne, clapote-barbote et voilà la soupe prête... » Bon. Je vais essayer d'en faire autant. »

Et la souris a plongé dans la marmite, la tête la première. Vous imaginez ça d'ici — la souris a été échaudée, ébouillantée, elle n'a jamais su comment elle s'en est sortie ! Elle a couru dehors, elle s'est assise sur le seuil de la porte et elle s'est mise à pleurer. Sa fourrure ébouillantée pèle, elle a le bout de la queue qui tremble : c'est qu'elle a eu peur, pensez donc !

3 Là-dessus, voilà la crêpe qui arrive en courant, en boitant. Elle voit ses amis assis sur le seuil de la porte, côte à côte. Le moineau a le bec tout tordu, la souris a sa fourrure toute mouillée et le bout de la queue qui tremble. Et ils pleurent, ils pleurent !

Mais c'est quand ils ont vu la crêpe, quand ils ont vu qu'il lui manquait tout un morceau, c'est là qu'ils se sont mis à sangloter pour de bon !...

La crêpe dit :

« Eh bien, nous voilà jolis, tous les trois ! Mais qu'est-ce qui nous a pris de vouloir changer de métier, comme ça ? On le sait pourtant — le travail qui vous convient, on le fait bien et tout le monde en profite. Tandis que le travail que l'on ne connaît guère ennuie la maisonnée entière et puis après, il faut le refaire... »

4 En écoutant ça, le moineau s'est caché la tête sous l'aile, de honte. C'est encore les deux autres qui ont dû le consoler !

Et puis après, ma foi, les trois amis se sont remis à vivre comme avant. Le moineau à chercher les provisions, la souris à couper le bois et la crêpe au beurre à faire la soupe. Et tout le monde a été satisfait. Sauf le renard, bien sûr. Mais à celui-là, vous pensez bien qu'on ne lui avait pas demandé son avis.

5 Et aujourd'hui encore, les trois amis vivent heureux dans la forêt, dans la clairière, dans la petite chaumière. J'y étais, on m'avait invité. Il y avait de la bonne soupe, beurrée, parfumée. On m'en a donné une assiette — je n'en ai pas laissé une miette. On m'en a donné une soupière — j'ai failli avaler la cuillère. On m'en a donné un pot plein — je n'en ai pas laissé un brin. On m'en a donné un chaudron — j'ai failli faire un trou au fond. Et depuis, on ne m'a jamais plus réinvité. Je me demande bien pourquoi ?...

(Conte populaire russe recueilli par Luda
dans *Les Maîtres de la Forêt*, La Farandole)

La Moitié de Poulet

I *En route pour le palais du roi*

1 Il y avait une fois une Moitié de Poulet qui, à force de travailler et d'économiser, avait amassé cent écus.

Le roi, qui avait toujours besoin d'argent, ne l'eut pas plutôt appris qu'il vint les lui emprunter, et la Moitié de Poulet était bien fière dans les commencements d'avoir prêté de l'argent au roi.

Mais il vint une mauvaise année, et elle aurait bien voulu ravoir son argent. Elle avait beau écrire lettre sur lettre, tant au roi qu'à ses ministres, personne ne lui répondait.

2 A la fin, elle prit la résolution d'aller chercher elle-même ses cent écus, et se mit en route pour le palais du roi.

Chemin faisant, elle rencontra un renard.

« Où vas-tu, Moitié de Poulet ?

— Je vais chez le roi. Cent écus me doit.

— Prends-moi avec toi.

— Point de façons, je ne ferai. Entre dans mon cou, je t'y porterai. »

Le renard entra dans son cou, et la voilà partie, toute joyeuse d'avoir fait plaisir au renard.

3 Un peu plus loin, elle rencontra un loup.

« Où vas-tu, Moitié de Poulet ?

— Je vais chez le roi. Cent écus me doit.

— Prends-moi avec toi.

— Du plaisir j'en aurai. Entre dans mon cou, je t'y porterai. »

Le loup entra dans son cou, et la voilà partie encore une fois. C'était un peu lourd ; mais la pensée que le loup était content de voyager lui donnait du courage.

4 Comme elle approchait du palais, elle trouva sur sa route une rivière.

« Où vas-tu, Moitié de Poulet ?

— Je vais chez le roi. Cent écus me doit.

— Prends-moi avec toi.

— Bien des charges j'ai. Si tu peux tenir dans mon cou, je t'y porterai. »

La rivière se fit toute petite et se glissa dans son cou. La pauvre petite bête avait bien de la peine à marcher ; mais elle arriva pourtant à la porte du palais.

II *La Moitié de Poulet est mal reçue*

1 La Moitié de Poulet frappa trois coups à la porte du palais.

— Toc ! toc ! toc !

Le portier passa la tête par son carreau.

« Où vas-tu, Moitié de Poulet ?

— Je vais chez le roi. Cent écus me doit. »

Le portier eut pitié de la petite bête, qui avait un air tout innocent.

« Va-t-en, ma belle. Le roi n'aime pas qu'on le dérange. Mal en prend à qui s'y frotte.

— Ouvrez toujours, je lui parlerai. Il a mon bien, il me connaît bien. »

2 Quand on vint dire au roi que la Moitié de Poulet demandait à lui parler, il était à table, et faisait bombance avec ses courtisans. Il se prit à rire, car il se doutait bien de quoi il s'agissait.

« Ouvrez à ma chère amie, répondit-il, et qu'on la mette dans le poulailler. »

La porte du roi s'ouvrit, et la chère amie du roi entra tout tranquillement, en pensant qu'on allait lui rendre son argent.

3 Mais, au lieu de lui faire monter le grand escalier, voilà qu'on la mène vers une petite cour de côté ; on lève un loquet, on la pousse, et crac ! ma Moitié de Poulet se trouve enfermée dans le poulailler.

Le coq, qui piquait dans une épluchure de salade, la regarda d'en haut sans rien dire. Mais les poules commencèrent à la poursuivre et à lui donner des coups de bec. Il n'y a pas de bêtes plus cruelles que les poules quand il vient des étrangers sans défense.

4 La Moitié de Poulet, qui était une petite personne paisible et rangée, habituée chez elle à n'avoir jamais de querelles, se trouva bien effrayée au milieu de tant d'ennemies.

Elle courut se blottir dans un coin, et cria de toutes ses forces :

« Renard ! Renard ! sors de mon cou, ou je suis un petit poulet perdu. »

Le renard sortit de son cou, et croqua toutes les poules.

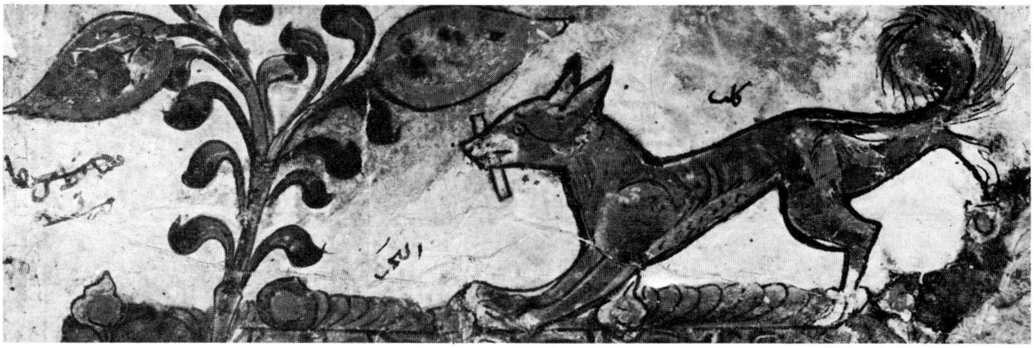

III *La Moitié de Poulet monte sur le trône*

1 La servante qui portait à manger aux poules ne trouva que les plumes en arrivant. Elle courut, pleurant, prévenir le roi, qui se fâcha tout rouge.

« Qu'on enferme cette enragée dans la bergerie », dit-il.

Et, pour se consoler, il fit apporter d'autres bouteilles.

Une fois dans la bergerie, la Moitié de Poulet se vit encore plus en danger que dans le poulailler. Les moutons étaient les uns par-dessus les autres, et menaçaient à chaque instant de l'écraser sous leurs pieds.

2 Elle était enfin parvenue à s'abriter derrière un pilier, quand un gros bélier vint se coucher là et faillit l'étouffer dans sa toison.

« Loup, cria-t-elle, Loup, sors de mon cou, ou je suis un petit poulet perdu. »

Le loup sortit de son cou, et, en un clin d'œil, étrangla tous les moutons.

3 La colère du roi ne connut plus de bornes quand il apprit ce qui venait de se passer. Il renversa les verres et les bou-

teilles, fit allumer un grand feu, et envoya chercher une broche à la cuisine.

« Ah, la scélérate ! s'écria-t-il, je vais la faire rôtir pour lui apprendre à tout massacrer chez moi. »

4 On amena devant le feu la Moitié de Poulet, qui tremblait de tous ses membres, et déjà le roi la tenait d'une main et la broche de l'autre, quand elle se dépêcha de murmurer :

« Rivière, rivière, sors de mon cou, ou je suis un petit poulet perdu. »

La rivière sortit de son cou, éteignit le feu et noya le roi avec tous ses courtisans.

5 La Moitié de Poulet, restée maîtresse du palais, chercha en vain ses cent écus : ils avaient été dépensés, et il n'en restait trace.

Mais, comme il n'y avait plus personne sur le trône, elle monta dessus à la place du roi, et le peuple salua son avènement avec de grands cris de joie. Il était enchanté d'avoir une reine qui savait si bien économiser.

(JEAN MACÉ, *Contes du petit Château*, Hachette)

Le terrible guerrier

I *Un animal féroce*

1 Un beau matin, une chenille pénétra dans le terrier d'un lièvre tandis qu'il faisait des cabrioles dans la prairie. Elle s'installa dans le coin le plus chaud et le plus sombre et elle attendit.

Le lièvre revint bientôt. Il vit des traces sur le sol et il comprit qu'en son absence quelqu'un était entré chez lui.

2 Il demanda d'une voix craintive :

« Qui s'est introduit chez moi ? »

Il entendit alors une voix tonnante lui répondre :

« Je suis un farouche guerrier du Pays-qui-n'existe-pas. Je terrasse les rhinocéros et je danse sur le corps des éléphants. Je suis invincible. »

3 Tremblant de peur, le lièvre s'enfuit au plus vite loin de son terrier.

« Que puis-je faire, moi pauvre animal, contre une bête capable de venir à bout du rhinocéros et de l'éléphant ? »

Il rencontra sur son chemin le chacal.

« Ami, lui dit-il, voudrais-tu me rendre un service ?

4 — Bien volontiers, mais de quoi s'agit-il ?

— Viens chez moi et parle à l'animal féroce qui s'est installé dans ma demeure. »

Le chacal accepta. Quand ils furent arrivés devant l'entrée du terrier, il cria d'une voix forte :

« Qui a osé pénétrer chez mon ami le lièvre ? »

5 La chenille, de la même voix fracassante, répondit :

« Je suis un farouche guerrier du Pays-qui-n'existe-pas. Je terrasse les rhinocéros et je danse sur le corps des éléphants. Je suis invincible. »

Ayant entendu ces paroles, le chacal s'enfuit :

« Je ne puis lutter contre un pareil guerrier. »

II *Un lièvre désespéré*

1 Le lièvre, plus désespéré que jamais, s'en fut trouver le léopard. Il le pria de parler à la bête qui occupait son logis.

Le léopard accepta. Mais dès qu'il eut entendu la réponse faite à sa demande, il dit au lièvre :

« Mon ami, si ce guerrier peut vaincre le rhinocéros et l'éléphant, il m'écrasera aussi. »

Et il s'en alla, cachant de son mieux sa frayeur.

2 Le lièvre se mit alors à la recherche du rhinocéros :

« Un féroce guerrier occupe mon gîte. Pourquoi ne viendrais-tu pas lui parler, toi qui es si fort ? »

Le rhinocéros se rendit aussitôt au terrier du lièvre et cria aussi fort qu'il put :

« Qui es-tu, toi qui occupes sans aucun droit la demeure de mon ami le lièvre ? »

3 La chenille, pas du tout effrayée, répliqua d'une voix tonnante :

« Viens, jeune rhinocéros, je suis un farouche guerrier du Pays-qui-n'existe-pas. Je terrasse les rhinocéros et je danse sur le corps des éléphants. »

Malgré sa taille, le rhinocéros fut troublé ; il dit au lièvre à voix basse :

« Il affirme qu'il peut m'écraser. Aussi, il me semble préférable de m'en aller. »

4 Le lièvre, de plus en plus désespéré, courut chez l'éléphant.

« O éléphant, tu es mon dernier espoir. Viens parler au terrible guerrier qui occupe mon logis. Il prétend vaincre les rhinocéros et danser sur le corps des éléphants. »

5 L'éléphant regarda le lièvre et lui dit :

« J'aurais aimé te rendre service, mais je n'ai aucune envie que quelqu'un danse sur mon corps, même si c'est le plus terrible guerrier de toute la forêt. Je te salue, ami. »

Et il s'en fut d'un pas majestueux, laissant le pauvre lièvre tout désolé.

III *Je ne suis qu'une pauvre chenille*

1 Juste à ce moment, une grenouille passait par là. Voyant le lièvre désespéré, elle lui demanda ce qui lui était arrivé.

« Si tu savais, dit le lièvre, combien je suis malheureux ! Mon terrier est occupé par un guerrier si terrible qu'il peut vaincre le chacal, le léopard, le rhinocéros et même l'éléphant.

2 — Mais quel est donc ce courageux guerrier ?

— Il affirme être un guerrier du Pays-qui-n'existe-pas.

— J'ai grande envie de connaître ce guerrier qui peut vaincre tous les animaux de la terre. »

3 La grenouille s'approcha de l'entrée du logis en criant : « Qui a osé pénétrer dans la demeure de mon ami le lièvre ? »

Et la chenille répondit :

« Le plus courageux des guerriers du Pays-qui-n'existe-pas. J'ai vaincu tous les animaux, j'ai terrassé les rhinocéros et j'ai dansé sur le corps des éléphants. »

4 La grenouille sauta à l'intérieur du terrier. Puis elle se dirigea vers le coin d'où venait cette voix tonnante en disant :

« Enfin, j'ai trouvé un ennemi digne de moi. »

Quand la chenille la vit arriver devant elle, elle fut prise de peur et murmura :

« Épargne-moi, grenouille, je ne suis qu'une pauvre chenille. »

5 Alors, la grenouille la prit, et la montra à tous les animaux.

Mais l'aventure était tellement drôle qu'aucun d'eux ne songea à se venger de la chenille.

Et pendant très longtemps toute la forêt s'amusa fort de cette histoire.

(Adapté de R. PACCARIE, *Contes africains*, Éditions Fabbri)

Bâton-rebâton

I *Dans la maison des douze hommes*

Il y avait une fois un homme qui, ne pouvant plus nourrir ses enfants, partit à l'aventure chercher de quoi vivre. Étant arrivé au pied d'une montagne, il se mit à grimper par un sentier. Au bout d'un moment, il se trouva devant une petite maison.

1 Dans la maison, le voyageur trouve douze hommes assis devant le feu. On lui dit de s'asseoir, bien au chaud ; on lui apporte une assiette de soupe aux choux. Puis, un des hommes, un tout vieux, qui paraissait être le premier parmi les autres, lui demande comment était le mois de janvier du côté d'où il venait.

Le voyageur répond qu'il y avait des jours qui étaient bons et d'autres mauvais. Alors, un deuxième interroge :

« Et février ?

— Février le-tout-court, qu'on l'appelle, répond le voyageur. Ma foi, en février, déjà, le chien cherche l'ombre parfois.

2 — Et mars ? veut savoir un troisième.

— En mars, le lézard ouvre grand la bouche. Il y a des jours où le vent souffle, mais il fait bon.

— Et en avril ?

— Ah ! quand on respire et qu'on goûte l'air, c'est comme si on mangeait du miel.

— Et en mai ? réclame un cinquième.

— En mai, toutes les fleurs s'ouvrent ! Tous les oiseaux chantent ! On est bien gai.

3 — Et en juin ?

— En juin, le foin sent bon, les jours sont longs.

— Et en juillet ?

— C'est la moisson, la joie des laboureurs.

— Et en août ? demande le huitième.

— En août, le beau temps continue.

— Et en septembre ?

— En septembre, on s'amuse bien. Il y a beaucoup de fêtes dans les villages et les villes. Et des foires aussi.

4 — Et en octobre ?

— En octobre, on vendange le raisin, bien sûr !

— Et en novembre ?

— Ah ! en novembre il arrive qu'il pleuve, mais ça ne fait pas de mal.

— Et en décembre ? dit le douzième et dernier qui n'avait pas encore parlé.

— En décembre, parfois on se réveille et tout est blanc de brouillard — c'est beau à voir. »

5 Quand le voyageur, réchauffé, rassasié, se leva pour repartir, on lui donna un gros bâton en lui disant :

« Gardez-le bien. Quand vous serez rentré chez vous, mettez-vous devant une table bien grande et dites en la frappant de trois coups : « Bâton-rebâton, sers-moi du bon ! » Et vous verrez ce qui arrivera. »

II *Un voisin plein d'envie*

1 Le voyageur se dépêcha de rentrer chez lui. Sa femme et ses enfants l'attendaient, tristes et affamés. Il leur dit de fermer les portes et d'apporter une table, la plus grande. La femme croyait qu'il était devenu fou, mais lui la rassurait :

« N'aie pas peur. Tu vas voir ce qui arrivera. »

Il se met devant la table, frappe trois fois dessus :

« Bâton-rebâton, sers-nous du bon ! »

2 Et la table aussitôt se couvre de bonnes choses à manger et aussi de bons habits neufs et même de bonnes pièces d'argent qui sonnaient.

Les voilà à l'aise, à l'abri de la misère.

Dans la ville, tout le monde se demandait comment ils s'y étaient pris. On les enviait beaucoup. Un de leurs voisins, qui n'était pas riche, n'arrêtait pas de questionner :

« Et d'où vous est venue cette fortune ? Et comment avez-vous fait ? Parce que, enfin, je ne suis pas plus bête qu'un autre... moi aussi, je pourrais bien arranger ma vie. »

3 Bref, il fallut lui raconter l'aventure.

Le voisin ne fait ni une ni deux et le voilà parti. Il arrive à une montagne, il prend un sentier, il voit une petite maison gardée par deux hommes et s'arrête devant eux. Ils lui demandent où il va. Il répond qu'il est parti chercher de quoi vivre.

4 On le fait entrer. Il se trouve au milieu des douze hommes qui se chauffent. Et une fois assis près du feu, il se voit demander par le plus vieux, qui paraît le premier parmi les autres :

« Comment est le mois de janvier là d'où vous venez ?

— Oh ! bien mauvais, il gèle tout le temps. »

Un autre interroge :

« Et février ? »

5 Le voisin répond que si janvier était mauvais, février était pire.

« Et mars ?

— Encore pire ! Des bourrasques de neige, un vent froid à ne pas le supporter !

— Et avril ?

— En avril ? En avril, il n'arrête pas de pleuvoir. On n'a pas un fil de sec.

— Et en mai ?

— Mai... ma foi, en mai, c'est un peu meilleur, mais à la fin des fins, il fait plutôt mauvais. »

III *Pas un mois de bon !*

1 Un autre, parmi les douze hommes, demande au voisin :

« Et en juin ?

— Oh ! en juin, il y a des jours où il fait chaud, mais si chaud qu'on n'est à l'aise nulle part.

— Et en juillet ?

— Ça alors, juillet ! Il tombe de la grêle, que ça vous assomme comme à coups de pierres.

— Et en août ?

— Août... bouh ! il souffle déjà une espèce d'air froid, désagréable comme tout.

2 — Et septembre ?

— Aïe ! Aïe ! Aïe ! A la fin de septembre, les jours sont courts et froids.

— Et en octobre ?

— En octobre, il faut aller vendanger. Certains jours, on doit allumer de grands feux dans les vignes, tant on gèle.

— Et en novembre ?

— La pluie du matin au soir !

3 — Et en décembre, alors ? demande le douzième et dernier.

— En décembre, mon pauvre monsieur, il n'arrête pas de neiger et de geler. Enfin, il n'y a pas un mois de bon ! »

Lorsque le voisin se prépara à repartir, on lui donna, à lui aussi, un bâton.

« Quand vous serez chez vous, frappez trois fois sur une table et dites : « Bâton-rebâton, sers-moi du bon ! » Et vous verrez ce qui arrivera. »

4 Tout content, il s'empare du bâton et rentre bien vite. Une fois à la maison, il dit à sa femme :

« Nous voilà riches ! J'apporte la fortune, tu verras, nous vivrons mieux que le voisin.

— La fortune ! dit la femme. Avec ton caractère, ça m'étonnerait !

— Non, femme, tu vas voir. La table, la table ! Apporte la grande table ! »

5 On l'apporte, il se plante devant et, la frappant trois fois :

« Bâton-rebâton, sers-moi du bon ! »

Et le bâton commence à le servir... d'une grêle de coups sur le dos, sur les épaules, sur la tête, sur les mollets. Et pan, et pan, et pan-pan-pan ! La femme et les enfants en recevaient aussi. Et la femme criait :

« C'est ça la fortune que tu apportes ? Je disais bien qu'avec ton caractère, ça m'aurait étonnée ! »

(MADELEINE GILARD, *Colorin-Coloré, Contes d'Espagne*, La Farandole)

Les deux oursons et le renard

I *En route pour voir le monde*

1 Loin derrière les montagnes bleues, loin derrière les prairies vertes, il y avait une merveilleuse forêt où personne ne venait.

Et au cœur de cette merveilleuse forêt où personne ne venait, à l'endroit le plus touffu, le plus épais, vivait une vieille mère ourse.

2 La vieille mère ourse avait deux fils, deux oursons qu'elle soignait tendrement, les nourrissant de lait et de miel.

Quand les oursons devinrent grands, ils voulurent tenter fortune et aller voir ce qui se passait dans le monde.

« Mère, dirent-ils, nous voudrions sortir de la forêt, regarder les prairies vertes, regarder les montagnes bleues. »

3 Mère ourse serra bien fort ses petits dans ses bras et les embrassa.

« Allez, mes oursons, dit-elle, allez voir le monde. Mais promettez-moi de toujours rester ensemble, quoi qu'il arrive.

— Oui, mère, répondirent-ils. Nous te promettons de ne jamais nous séparer.

— Ainsi serai-je plus tranquille », soupira la vieille ourse.

Et elle leur prépara pour chacun un petit baluchon avec des provisions.

4 Les deux oursons se mirent en route.

Ils traversèrent la forêt et arrivèrent à la lisière. Là s'étendaient les prairies vertes.

« C'est très joli, les prairies vertes, dit le premier ourson.

— Oh ! oui, c'est très joli ! » dit le deuxième.

Après s'être reposés un moment, ils se remirent à marcher. Ils marchèrent un jour, ils marchèrent deux jours.

II *Comment partager le fromage ?*

1 Bientôt, il n'y eut plus de provisions dans les petits baluchons ; et, dans les jolies prairies vertes, les oursons ne trouvaient rien à manger.

« Oh ! frère, que j'ai faim ! gémissait le plus jeune des oursons.

— Et moi encore plus, répondait le plus vieux d'un air désolé. Mais avançons encore un peu, peut-être trouverons-nous quelque chose. »

2 Ils continuèrent donc à marcher au milieu des prairies vertes.

Et, tout à coup, l'un heurta du pied une boule ronde.

« Oh ! frère ! Regarde ! C'est un fromage ! cria-t-il.

— Quelle chance ! cria l'autre. Nous allons le partager ! »

Mais, au moment de fendre en deux le fromage, les oursons s'arrêtèrent. Et si les deux morceaux n'étaient pas pareils ?

3 « Si l'un des morceaux est plus gros, il sera pour moi, déclara le plus jeune des oursons.

— Pas du tout ! se fâcha l'autre ourson. Je suis le plus vieux, et il sera pour moi !

— Non, pour moi ! » glapit le plus petit.

Ils se disputèrent tant et firent tellement de vacarme qu'un renard attiré par le bruit s'approcha.

4 « Eh bien, que vous arrive-t-il, petits oursons ? demanda le renard. Qu'avez-vous à vous disputer ?

— Nous voulons partager le fromage ! crièrent ensemble les deux oursons. Et nous en voulons chacun autant !

— En voilà une affaire, répondit le renard en riant. Ce n'est pas difficile. Donnez-moi ce fromage, et je vous ferai deux parts égales.

5 — Quelle bonne idée, dirent les oursons, enchantés. Partage vite, renard, nous avons faim ! »

Le rusé renard prit le fromage et le brisa en deux. Mais il fit en sorte qu'un des morceaux fût plus gros que l'autre.

III *Bon appétit, petits oursons !*

1 « Le plus gros est pour moi ! crièrent les deux oursons d'une seule voix.

— Allons, allons, dit le renard. Calmez-vous ! Je vais les égaliser. Vous en aurez chacun autant. »

Et il mordit dans le plus gros des morceaux.

« Hum ! il est délicieux, ce fromage », dit le renard en avalant ce qu'il avait mordu.

Mais il avait si bien mordu que le morceau était devenu plus petit que l'autre.

2 « Oh ! firent les oursons inquiets, ils ne sont pas pareils maintenant non plus !

— Attendez, attendez ! Je sais ce que je fais, dit le renard en arrachant une bonne bouchée de l'autre morceau, qui devint à son tour plus petit.

— Mais ils ne sont toujours pas pareils ! crièrent les oursons, de plus en plus inquiets et furieux.

— Un peu de patience, voyons ! dit le renard, la bouche pleine. J'en coupe un tout petit bout au morceau le plus gros et tout ira bien... »

3 Et il l'entama de façon que le morceau devienne à son tour plus petit que l'autre...

Et il mordilla de nouveau l'autre morceau. Et il mordilla ainsi chaque morceau tour à tour sans jamais les égaliser tout à fait.

« Il y en a toujours un plus gros que l'autre, criaient les oursons.

— Mais non, mais non, disait le renard. Laissez-moi faire ! »

4 Et il coupait d'un côté, puis il coupait de l'autre, tandis que les museaux noirs des oursons suivaient ses mouvements du plus gros morceau devenu le plus petit au plus petit devenu le plus grand...

Tant et si bien qu'à la fin, il ne restait presque plus rien, sauf deux petits bouts de fromage bien égalisés de tous les côtés : le renard avait bien déjeuné.

5 « Et voilà, dit le renard. A votre tour, maintenant. Il n'en reste pas beaucoup, mais vous en avez chacun autant ! Bon appétit, petits oursons trop gloutons ! »

Et il se sauva.

Les oursons n'étaient pas contents, mais pas contents du tout. Et c'était tant pis pour eux, non ?

(Natha Caputo, *Contes des quatre Vents*, Fernand Nathan)

Jeannot-le-Sot

I *Un drôle de cuisinier*

1 Jeannot-le-Sot était un bon garçon, mais ce qu'il entreprenait se terminait toujours de façon ridicule. Rien ne lui réussissait comme aux autres.

Un paysan l'embaucha un jour pour travailler et se prépara à partir pour la ville, accompagné de sa femme.

2 « Tu resteras auprès des enfants, lui dit la femme. Tu les surveilleras et tu leur donneras à manger...

— Mais quoi ? demanda Jeannot.

— Tu prendras de l'eau, de la farine, des pommes de terre que tu hacheras et tu les feras cuire — ainsi tu auras de la soupe. »

Quant au paysan, il ordonna :

« Tu garderas la porte afin que les enfants ne puissent se sauver dans la forêt ! »

Et le paysan partit avec sa femme.

3 Jeannot grimpa dans la soupente, réveilla les enfants, les fit descendre, les installa par terre et s'assit derrière eux en disant :

« Eh bien ! voilà, je vous surveille... »

Les enfants restèrent assis par terre un certain temps puis réclamèrent à manger. Jeannot apporta dans la maison une cuve pleine d'eau, y versa un demi-sac de farine, un boisseau de pommes de terre, mélangea le tout avec un bâton et se demanda à haute voix :

« Mais qui faut-il hacher ? »

4 Les enfants, en l'entendant, furent pris de peur :

« Et s'il allait nous hacher ? »

Et tout doucement, ils sortirent de la maison et se sauvèrent.

Jeannot les aperçut, se gratta la nuque. Il réfléchissait :

« Comment faire pour les surveiller, à présent ? Et cette porte qu'il me faut garder pour qu'elle ne se sauve pas ! »

Il jeta un coup d'œil dans la cuve.

« Mijote, petite soupe, dit-il, pendant que j'irai surveiller les enfants. »

II *Un vrai phénomène*

1 Il souleva la porte hors de ses gonds, la chargea sur ses épaules et s'en alla vers la forêt. Mais voici que soudain, il rencontra l'Ours, venant vers lui. L'Ours étonné, grogna :

« Eh ! toi, là-bas, pourquoi donc apportes-tu du bois dans la forêt ? »

Alors Jeannot lui raconta ce qui lui était arrivé.

L'Ours s'assit sur ses pattes de derrière et se mit à rire :

« Que tu es sot ! Tu mériterais d'être mangé ! »

2 Mais Jeannot lui répondit :

« Tu ferais mieux de manger les enfants pour qu'une autre fois ils obéissent à leurs père et mère et ne se sauvent pas dans la forêt ! »

L'Ours rit plus fort encore, si fort qu'il se roulait par terre de rire.

« Jamais je n'ai vu pareil sot. Viens avec moi, je vais te montrer à ma femme ! »

3 Et il le conduisit à sa tanière. Jeannot avançait, heurtant sa porte contre les pins.

« Mais lâche-là donc ! dit l'Ours.

— Non, je n'ai qu'une parole : j'ai promis de la garder, je la garderai ! »

Quand ils atteignirent la tanière, l'Ours dit à sa femme :

« Regarde, Martine, quel petit sot je t'ai amené ! C'est un vrai phénomène ! »

4 Et Jeannot demanda à l'Ourse :

« N'as-tu pas vu les enfants, petite mère ?

— Mes enfants sont à la maison, ils dorment...

— Eh bien ! montre-les moi, ce sont peut-être les miens ? »

L'Ourse le conduisit vers trois oursons.

« Non, ce n'est pas eux. Moi, j'en avais deux », dit-il.

L'Ourse commença à rire, elle aussi :

5 « Mais tes petits à toi sont des enfants d'homme, voyons !

— Oui, mais comment veux-tu les reconnaître quand ils sont si jeunes, dit Jeannot.

— Quel drôle de garçon ! s'étonna l'Ourse. Ecoute, Gros Martin, dit-elle à son mari, ne le mangeons pas, qu'il reste plutôt avec nous pour travailler.

— D'accord, approuva l'Ours, bien que ce soit un homme, il est vraiment trop inoffensif ! »

III *A la recherche des enfants*

1 L'Ourse tendit à Jeannot un panier.

« Va ramasser des framboises sauvages, lui ordonna-t-elle. Je veux régaler mes petits avec quelque chose de bon, quand ils se réveilleront.

— Bon, ça je peux le faire ! dit Jeannot. Mais gardez bien ma porte pendant ce temps ! »

2 Et Jeannot s'en alla vers les framboisiers sauvages. Là, il remplit son panier de framboises, en mangea à satiété, puis revint chez les Ours en chantant à pleine voix :

Les bêtes à bon Dieu
Sont bien maladroites.
Mais les fourmis
Ne sont pas ainsi.
Les lézards non plus,
Les lézards non plus !

3 En arrivant à la tanière, il cria :

« La voilà, la framboise ! »

Les oursons se précipitèrent sur le panier, grognant, se bousculant, faisant des culbutes, tout joyeux !

Et Jeannot, les regardant, disait :

« Hélas ! quel dommage que je ne sois pas Ours ! J'aurais pu avoir des enfants, moi aussi ! »

4 L'Ours et sa femme éclatèrent de rire.

« Oh ! Seigneur ! rugit l'Ours, il nous fera mourir de rire !

— Ecoutez-moi, dit Jeannot, vous allez garder ma porte ici et j'irai chercher les enfants, sinon mon maître me fera passer un mauvais quart d'heure !

— Martin, tu devrais l'aider, conseilla l'Ourse à son mari.

— Oui, il faut l'aider, dit l'Ours, il est trop drôle... »

Et l'Ours s'en alla avec Jeannot le long des sentiers de la forêt.

5 Tout en marchant, ils bavardaient amicalement :

« Ce que tu peux être sot ! s'étonna l'Ours.

— Et toi, es-tu intelligent ? demanda Jeannot.

— Moi ?

— Mais oui, toi...

— Je ne sais pas.

— Moi non plus, je ne sais pas. Es-tu méchant ?

— Non. Pourquoi ?

— Parce qu'il me semble que celui qui est méchant doit être bête aussi. Moi non plus, je ne suis pas méchant. Par conséquent, ni toi, ni moi nous ne sommes bêtes ! »

IV *Le retour à la maison*

1 Tout à coup, ils aperçurent, couchés sous un buisson, deux enfants endormis.

« Ce sont peut-être les tiens ? demanda l'Ours.

— Je ne sais pas, dit Jeannot. Il faut le leur demander. Les miens avaient faim. »

Ils réveillèrent les enfants et leur demandèrent :

« Avez-vous faim ?

— Oh, oui, depuis longtemps ! crièrent les enfants.

2 — Alors, dit Jeannot, ce sont les miens. Je vais les ramener maintenant au village et toi, petit père, apporte-moi la porte, s'il te plaît. Moi, je n'ai pas le temps, il me faut encore cuire la soupe !

— Bon, ça va, dit l'Ours. Je te l'apporterai. »

Jeannot, marchant derrière les enfants, les surveillait de près comme il lui avait été ordonné. Et il chantait :

Pouvez-vous imaginer
Des lièvres chassés par des scarabées !
Assis près de son terrier
Le renard est étonné.

3 Quand Jeannot arriva à la maison, ses maîtres étaient déjà revenus de la ville. Ils avaient trouvé, au milieu de la pièce, la cuve remplie d'eau, de pommes de terre et de farine ; leurs enfants avaient disparu et la porte aussi. Assis sur le banc, ils pleuraient amèrement.

« Qu'avez-vous à pleurer ? » leur demanda Jeannot.

4 Au même instant, ils aperçurent leurs enfants, se réjouirent, les serrèrent contre eux.

« Mais qu'as-tu donc fabriqué ? demandèrent-ils à Jeannot en lui montrant sa préparation dans la cuve.

— De la soupe.

— Mais on ne la fait pas comme ça !

— Et comment pouvais-je le savoir ?

— Et la porte, où est-elle ?

— On va vous l'apporter tout de suite. La voilà ! »

5 Les maîtres regardèrent par la fenêtre : l'Ours avançait sur le chemin avec la porte. Les gens fuyaient dans toutes les directions sur son passage, grimpant sur les toits, sur les arbres ; les chiens, effrayés, étaient tapis sous les haies et sous les portes. Seul, le coq roux, se tenant bravement au milieu de la route, criait à l'Ours :

« Co-Co-Ri-Co ! Je te jetterai à l'eau ! »

(Maxime Gorki, *Contes,* Traduction de Natha Caputo, La Farandole)

Le lion et l'homme

I *Le lion à la recherche de l'homme*

1 Un vieux lion s'en fut rendre visite aux bêtes de la forêt :

« Il n'est point sur terre de héros plus fort que moi ! » rugissait-il.

Or, il y avait là un vieil ours boiteux, parce que jadis un pâtre lui avait donné un coup de hache. Il dit au lion :

« Ne te vante pas : il y a un héros plus puissant que toi. »

2 Le lion fit un bond et grinça des dents :

« Eh bien ! dis-moi qui c'est.

— L'homme, répondit l'ours.

— Où est-il ? Je veux le voir, mesurer mes forces avec les siennes ! rugit encore le lion.

— Va dans la plaine : tu l'y trouveras. »

3 Le lion se précipita hors de la forêt et se mit à parcourir la campagne. Soudain, il aperçut dans une prairie un cheval qui paissait, attaché à une chaîne de fer ; il s'approcha de lui et rugit :

« Eh ! là ! mangeur d'herbe ! qui es-tu donc ?

— Mais ne le vois-tu pas toi-même ? Je suis un cheval.

— Qui donc t'a attaché ?
— L'homme.
— Et où est-il ?
— Il est parti dans la forêt chercher du bois. »

4 Le lion revient sur ses pas et prend le chemin de la forêt. Mais il aperçoit encore, au milieu d'un champ, deux bœufs attelés à une charrue. Arrêtés, ils reprennent haleine.

« Sans doute, ce sont des hommes, pense le lion. »

Il alla à eux :

« Eh ! porteurs de joug, qui êtes-vous donc ?
— Nous ? des bœufs.
5 — Que faites-vous ?
— Nous avons labouré et maintenant nous nous reposons.
— Mais qui vous a liés à ce joug ?
— L'homme. »

« Eh bien ! pense le lion, pour parler à l'homme, il faut vraiment être courageux. »

II *Qui va être le plus fort ?*

1 Le lion demande aux bœufs :

« Où est l'homme ?
— Le voilà là-bas, derrière ces arbres. Il creuse une fosse pour prendre les animaux de la forêt. »

Le lion alla trouver l'homme. Mais l'homme avait déjà eu le temps de creuser la fosse et de la recouvrir de branchages et de feuillages épais. Le lion, derrière lui, poussa un rugissement.

2 L'homme sursauta et se retourna, tremblant de peur. Un lion ! Que faire ? Il regarda de tous côtés pour voir s'il pouvait appeler quelqu'un à son secours. Mais il n'y avait personne :

« Eh bien ! pensa-t-il, il n'y a guère moyen de triompher de cette brute par la force. Il faudra être plus habile et plus rusé que lui. »

3 « Pourquoi es-tu venu me voir ? cria-t-il au lion.
— Je veux mesurer mes forces avec les tiennes !
— Mais comment ?

— Nous allons lutter et nous verrons qui sera le plus fort.
4 — Je veux bien, répondit l'homme. Mais d'abord nous allons jouer à qui sautera le plus loin.

— Bien, fit le lion. Commence ! »

L'homme prit son élan, sauta mais s'arrêta au bord de la fosse. Il marqua la place d'une pierre et se rangea de côté.
5 « Maintenant, c'est ton tour ! » cria-t-il.

Le lion prit aussi son élan, mais sauta plus loin que l'homme et disparut au plus profond de la fosse.

Alors, l'homme tua le roi des animaux, et se fit, avec la peau, de solides chaussures en cuir.

(A. Bapdaev, *Contes et légendes de Bulgarie*, Fernand Nathan)

Le chat qui tient la lampe

I *Un pari perdu*

1 Il y avait une fois un maître chapelier qu'on appelait M. Siffrein. M. Siffrein avait un enfant, et son enfant, quand il eut l'âge, voulut entrer dans le commerce.

« Tiens, lui dit son père, puisque tu veux partir pour faire le négoce, voilà cent francs ; quand tu les auras doublés, tu reviendras. »

Le fils s'en va.

2 A la première étape, voici que, dans l'auberge où il allait souper, il y avait un gros chat qui vint se frotter à lui.

« Oh ! le beau chat ! dit le jeune homme.

— Ce n'est pas tout d'être beau, lui répondit l'hôte — il a, de plus, un talent qui vous réjouirait. Savez-vous quoi ? Il éclaire tous ceux qui soupent et il leur tient la chandelle tout le temps qu'ils sont à table.

— Ça, dit le jeune homme, je voudrais le voir pour le croire.

— C'est certain, lui dit l'hôte, je vous parie cent francs.

— Eh ! bien, je tiens les cent francs. »

3 On met la table ; le chat monte sur la nappe et s'assied sur son derrière. Entre ses griffes de devant, l'hôte lui met la chandelle allumée, et voici Mounet qui la tient droite, sans bouger d'un pouce tout le temps du repas.

Mon pauvre négociant perdit ses cent francs et il fallut qu'il s'en retournât pour chercher d'autre argent.

II *Patatras !*

1 Il conte à son père sa mésaventure.

« Allons, dit Siffrein, c'est un petit malheur. Laisse-moi faire, moi, je vais chercher tes cent francs, avec les cent francs de l'hôte. Toi... m'est avis que tu feras mieux de labourer la vigne que de faire du commerce. »

2 Et M. Siffrein part, emportant ce qu'il fallait, c'est-à-dire une petite boîte, où il avait mis en cage deux souris. Et il va coucher chez l'hôte qui avait attrapé son fils.

Pendant qu'on prépare le souper, voici le chat qui vient, comme d'habitude, se frotter à sa culotte.

3 « Morbleu, la belle bête, dit M. Siffrein.

— Ce n'est pas tout d'être belle, lui répondit l'hôte, elle a encore un talent qui vous réjouirait. Savez-vous quoi ? Elle éclaire ceux qui soupent et leur tient la chandelle tout le temps.

— Vous devez me prendre pour un sot ! » répondit le chapelier...

4 Baste ! d'une raison à l'autre, on parie deux cents francs. Et la table mise, le chat prend la chandelle, aux yeux de l'aubergiste joyeux et triomphant.

Mais, comme celui-ci se retourne, l'autre, sans faire semblant de rien, ouvre la ratière ; et mes deux souris se glissent dehors...

Patatras, ma chandelle ! Le chat, tout frétillant, partit comme un éclair pour attraper les souris, et l'hôte, cette fois perdit son pari.

(Adapté de FRÉDÉRIC MISTRAL, *Nouvelle prose d'almanach*, Grasset)

Les musiciens du Sud

I *En route vers le Sud*

1 Il était une fois un âne qui portait depuis si longtemps les sacs au moulin que ses forces diminuaient tous les jours. Il devenait incapable de travailler, et son maître, ennuyé d'avoir à le nourrir, songeait à s'en débarrasser. Alors, sentant qu'un mauvais vent soufflait pour lui, l'âne s'enfuit et prit la route du Sud. « Là-bas, pensait-il, je pourrai être musicien.. »

En chemin, il rencontra un chien de chasse qui gémissait et paraissait à bout de souffle.

2 « Je suis vieux, je perds mes forces, je ne peux plus aller à la chasse. Aussi mon maître a-t-il voulu me tuer. Je me suis sauvé, mais que puis-je faire maintenant, pour gagner mon pain ?

— Apprends, reprit l'âne, que je vais dans le Sud, où je serai musicien. Viens avec moi. Tu battras les cymbales pendant que je jouerai du luth. »

Cette idée plut au chien et ils s'en allèrent ensemble. Ils aperçurent bientôt un chat couché sur la route. A voir sa triste mine, on eût dit qu'il avait plu pendant trois jours. L'âne le salua :

3 « Eh ! vieux moustachu ! Qu'est-ce qu'on t'a fait ?

— Qui pourrait être joyeux dans l'état où vous me voyez ? Je ne suis plus jeune et je n'ai plus de dents. J'aimais mieux dormir près du poêle que de courir après les souris. Aussi, ma maîtresse a-t-elle voulu me noyer, répondit le chat. Je me suis donc sauvé. Donnez-moi un bon conseil, sinon je vais mourir de faim.

— Viens avec nous dans le Sud. Toi et tes pareils, vous vous entendez à faire de la musique nocturne. Là-bas, tu pourras être musicien. Plus on est d'amis, plus on se sent fort. »

4 Et les trois éclopés poursuivirent leur chemin. Passant devant la cour d'une ferme, ils y virent un coq qui chantait à plein gosier.

« Qu'as-tu donc à crier si fort ? lui demanda l'âne.

— J'avais prédit le beau temps à ma maîtresse, qui vient de faire sa lessive. Or, au lieu de me récompenser, je l'ai entendu dire à la cuisinière de me tordre le cou. C'en est fait de moi. Je dis adieu au monde.

— Allons donc ! dit l'âne. Avec une voix comme la tienne, tu auras partout du succès. Viens avec nous, dans le Sud. » Le coq se laissa faire, et les quatre amis, volant, marchant, boitillant, poursuivirent leur chemin.

La nuit les surprit dans une forêt. Ils avaient faim. L'âne et le chien se couchèrent au pied d'un grand arbre ; le chat et le coq s'installèrent tout en haut des branches.

Inspectant les alentours, le coq vit au loin une petite lueur. Il avertit ses compagnons qu'une maison devait se trouver non loin de là. Ils se dirigèrent vers la lumière.

II *Dans la maison des voleurs*

Or, sachez que cette maison en pleine forêt était un repaire de voleurs.

L'âne qui n'en savait rien, s'approcha de la fenêtre et regarda à l'intérieur. Il aperçut une table couverte de choses exquises et des brigands assis autour. Les animaux tinrent conseil et voici ce qu'ils firent.

L'âne mit ses pieds de devant sur la fenêtre qui était peu élevée, le chien sauta sur le dos de l'âne, le chat grimpa sur le dos du chien et le coq se posa sur la tête du chat. L'âne se mit à braire, le chien à aboyer, le chat à miauler et le coq à pousser de sonores cocoricos.

2 Puis ils s'élancèrent dans la chambre à travers la fenêtre, en faisant voler les vitres en éclats. Les brigands, épouvantés, crurent que c'était un fantôme qui entrait. Ils s'enfuirent dans la forêt. Alors, les quatre compères se mirent à table et mangèrent tout leur content.

Quand ils eurent fini de manger, ils éteignirent la lumière, et chacun d'eux chercha un endroit où il pût dormir à son aise. L'âne se coucha sur un tas de paille, dans la cour, le chien s'étendit près de la porte, le chat se blottit dans la cheminée et le coq se percha dehors sur une poutre. Bientôt, ils s'endormirent.

3 Or, dans la forêt, les bandits réfléchissaient avant d'agir. Leur capitaine décida d'envoyer son lieutenant en reconnaissance. Voyant la maison silencieuse, le brigand pénétra jusqu'à la cuisine dans l'espoir d'y trouver du feu. Il aperçut le chat qui s'était réveillé. Et, prenant ses gros yeux lumineux pour des braises, il en approcha une allumette. Le chat qui n'aimait pas ce genre de plaisanterie, sauta à la figure de l'homme, cracha et griffa tant qu'il put.

4 Pris de peur, le brigand voulut se sauver, mais, au moment où il allait franchir la porte, le chien, réveillé, lui sauta dans les jambes et le mordit. Comme il traversait la cour, l'âne lui donna une formidable ruade, et le coq bien reposé lança un joyeux cocorico. Le brigand rejoignit, essoufflé, ses complices et raconta ainsi, tout apeuré, son histoire :

5 « C'est terrible ! C'est épouvantable ! Il y a dans la maison une affreuse sorcière qui m'a craché à la figure et m'a griffé de ses ongles crochus. A la porte, se trouve un gardien terrible qui m'a donné un coup de sabre dans les mollets et, au milieu de la cour, un géant noir a failli m'assommer à coups de massue. Le plus terrible, c'est que, sur le toit, un juge criait : « Amenez ce coquin ici, amenez ce coquin ici ! »

Les brigands effrayés, n'osèrent plus s'approcher de la maison. Et les « quatre musiciens du Sud » amis des bons et mauvais jours, y vécurent heureux et comblés et donnèrent de temps à autre, aux habitants de la forêt, des concerts fort applaudis...

(Conte Kabyle traduit par MADELEINE RIFFAUD dans *21 Contes racontés aux enfants*, Librairie Vaillant)

Le Cheval et le Hérisson

I *Si nous faisions la course...*

1 Le Cheval passait un jour sur une route, fier, la queue en panache, caracolant dans un nuage de poussière.

Soudain, il se cabra. Compère Hérisson, trottant menu, traversait la route et il avait fait peur au Cheval.

2 « Ote-toi de mon passage, méchant marron mal bouilli, fit le Cheval. Oses-tu interrompre la course d'un seigneur tel que moi ? Au fait, où allais-tu de ce pas ? Quand on a les jambes faites comme les tiennes, il faut se lever de bon matin si l'on veut arriver à midi.

— Sire Cheval, répliqua le Hérisson vexé, je crois que vous vous moquez de mes jambes. (Et il monta sur le talus de la route, pour être plus à portée de son fier interlocuteur.) Je parie que si nous faisions la course, c'est moi qui gagnerais. »

3 Le Cheval rit si fort et de si bon cœur que la terre trembla, que les oiseaux s'envolèrent et que là-bas, dans sa maison, Madame Hérisson, pleine d'effroi, ferma sa porte et serra contre elle ses petits.

« Il y a longtemps, hennit le Cheval, que je n'avais si bien ri. J'entrerai donc dans la plaisanterie. Aligne-toi... et partons.

4 — Messire, dit le Hérisson, je n'ai qu'une parole. Mais ne prévoyant pas cette rencontre, j'allais régler une affaire que je ne saurais remettre à plus tard. Voulez-vous dans huit jours, ici, à la même heure ?

— Coquin, dit le Cheval, tu veux me faire mourir.

5 — Le point de départ, poursuivit le Hérisson, sera cette ligne de chênes. Le but, cette colline, tout là-bas, là-bas.

— J'y serai, dit le Cheval, le temps de compter jusqu'à trente.

— De là, continua le Hérisson, nous reviendrons à notre point de départ. Et ainsi de suite jusqu'à ce que l'un de nous s'avoue vaincu.

— Fais ton testament, dit le Cheval.

— Adieu, et à huitaine.

— A huitaine », dit le Hérisson qui regagna sa maison.

II *Me voilà*

1 La veille du grand jour, le Hérisson dit à sa femme :

« Madame Hérisson, prenez votre panier et partons. Vous voyez, là-bas, cette colline ? Il vous faut aller vous y installer, car, demain matin, je fais la course contre le Cheval.

— Contre le Cheval !...

— Ne m'interrompez pas. Vous vous installerez au sommet de la colline, en vous cachant derrière un buisson. Quand le Cheval arrivera, tout soufflant, vous vous montrerez et vous direz :

— Me voilà !

Et chaque fois la même chose et pas autre chose, jusqu'à ce que je revienne vous chercher. »

2 Le jour venu, par un beau soleil, le Cheval hennit, piaffa, appela :

« Hérisson, es-tu là ?

— Me voici, Messire, répondit le Hérisson.

— Y es-tu ?

— J'y suis.

— Allons-y donc. Une, deux, et... trois. »

Et le Cheval partit comme le vent.

3 Quand il arriva à la colline, la Hérissonne, faisant semblant d'être essoufflée, se dressa et dit :

« Ouf : me voilà ! »

Le Cheval s'étonna, mais ne vit point la ruse, car les chevaux ne sont pas observateurs...

« Tu dois être sorcier, fit le Cheval... Mais nous allons voir la suite. »

Et il repartit ventre à terre.

« Me voilà », dit le Hérisson quand l'autre parvint au bouquet d'arbres.

Le Cheval gronda : « Recommençons ! »

4 Ils recommencèrent soixante et six fois.

A chacun des buts de la course, le Cheval trouvait le Hérisson qui faisait : « Me voilà », d'un air modeste et guilleret. L'autre n'avait plus un poil de sec, ses naseaux fumaient, ses flancs grondaient comme un soufflet de forge.

« Bandit ! tu m'as ensorcelé, mais va... Je repars. »

Il reprit sa course, trébucha et tomba inanimé sur le sol.

« Hé bien, lui dit le Hérisson, vous voyez bien que je l'ai gagnée, cette course. »

(Adapté de ROGER DEVIGNE & ANDRÉ HELLÉ,
Les douze plus belles Fables du monde, Berger-Levrault)

Les trois souhaits

I *Des époux bien embarrassés*

1 Il y avait une fois un bûcheron et une bûcheronne qui habitaient un joli petit village à la lisière d'une forêt. Ils n'étaient pas riches, mais l'ouvrage ne leur manquait pas, et ils possédaient une coquette maisonnette avec un jardin.

Un soir d'hiver, tandis que la femme tricotait des bas et que le mari se chauffait devant le feu, ils s'entretenaient du bonheur de leurs voisins plus riches qu'eux.

2 « Oh ! disait la femme, s'il m'était donné d'avoir tout ce que je souhaiterais, je serais bientôt plus heureuse que tous ces gens-là.

— Et moi aussi, dit le mari, je voudrais être au temps des fées, et qu'il s'en trouvât une assez bonne pour m'accorder tout ce que je voudrais. »

3 Au même instant, ils virent dans leur chambre une très belle dame qui leur dit :

« Je suis la fée, je vous promets de vous accorder les trois premières choses que vous souhaiterez ; mais prenez-y garde, après que vous aurez souhaité trois choses, je ne vous accorderai plus rien. »

4 La fée ayant disparu, les deux époux furent très embarrassés.

« Pour moi, dit la femme, sans le souhaiter encore, il me semble qu'il n'y a rien de si bon que d'être belle, riche, et de qualité.

— Bah ! répondit le mari, avec ces choses on peut être malade, on peut mourir jeune. Il serait plus sage de souhaiter de la santé, de la force et une longue vie.

5 — Et à quoi servirait une longue vie, si l'on était pauvre ? dit la femme, cela ne servirait qu'à être malheureux plus longtemps. En vérité, la fée aurait dû nous accorder une douzaine de dons, car il y a au moins une douzaine de choses dont j'ai besoin.

— Cela est vrai, dit le mari, mais prenons du temps, examinons d'ici à demain matin les trois choses qui nous sont les plus nécessaires, et nous les demanderons ensuite.

— Je veux y penser toute la nuit, dit la femme. En attendant, chauffons-nous, car il fait froid. »

II *Ne souhaitons rien !*

1 La bûcheronne prit les pincettes et attisa le feu, et comme il y avait beaucoup de charbons bien allumés, elle dit sans y faire attention :

« Voilà un bon feu ; je voudrais avoir une aune de boudin pour notre souper ; nous pourrions le faire cuire bien aisément. »

A peine eut-elle achevé ces paroles qu'il tomba une aune de boudin par la cheminée : la fée exauçait ainsi le souhait que la femme venait de faire sans y penser.

2 « Peste soit de la gourmande avec son boudin ! s'écria le mari furieux. Ne voilà-t-il pas un beau souhait ! Nous n'en avons plus que deux à faire. Maudite femme ! Je suis si en colère que je voudrais te voir ce boudin au bout du nez. »

Dès qu'il eut dit ces mots, le mari s'aperçut qu'il était encore plus fou que sa femme, car, par ce second souhait, le boudin sauta au bout du nez de cette pauvre femme, qui, malgré tous ses efforts ne put jamais l'arracher.

3 « Que je suis malheureuse ! s'écria-t-elle. Tu es bien méchant d'avoir souhaité ce boudin au bout de mon nez !

— Je te jure, ma chère femme, que je n'y pensais pas, répondit le mari : j'étais si fort en colère que j'ai parlé sans savoir ce que je disais. Mais que ferons-nous ? Je vais souhaiter de grandes richesses, et je te ferai faire un étui d'or pour cacher ce boudin.

4 — Ah ! ne fais pas cela, répondit la femme ; je me tuerais s'il me fallait vivre avec ce boudin au bout de mon nez. Il nous reste un souhait à faire : laisse-le moi, ou je vais me jeter par la fenêtre. »

Son mari, qui l'aimait bien, lui cria :

« Non, ma chère femme, je te donne la permission de souhaiter tout ce que tu voudras.

— Eh bien ! dit la femme, je souhaite que ce boudin tombe à terre. »

5 Aussitôt le boudin tomba, et la femme, qui avait de l'esprit, dit à son mari :

« La fée s'est moquée de nous, et elle a eu raison ; peut-être aurions-nous été plus malheureux étant riches que nous ne le sommes à présent. Crois-moi, mon ami, ne souhaitons rien, et prenons les choses comme elles viennent. En attendant, soupons avec notre boudin, puisqu'il ne nous reste que cela de nos souhaits. »

Le mari pensa que sa femme avait raison, et ils soupèrent gaiement, sans plus penser à tout ce qu'ils avaient eu envie de souhaiter.

(Adapté de Mme LEPRINCE DE BEAUMONT, *Contes des Fées*)

Clindindin

I *Clindindin et son ami Chonchon*

1 Il y avait une fois deux amis, un monsieur gai comme un enfant et un petit garçon sérieux comme un homme. Le monsieur s'appelait Papa et le petit garçon s'appelait Clindindin.

Papa était très occupé, mais, dès qu'il avait un instant, il venait retrouver Clindindin dans sa chambre. Et c'était lui qui se mettait à quatre pattes, qui raccommodait les joujoux, qui inventait des farces, qui contait des histoires, et qui s'amusait à tirer la chaussette de Clindindin. Houp ! Et Clindindin tout à coup avait un pied nu sans chaussette.

2 « Oh ! faisait Clindindin. Papa ! »

Il se pinçait la bouche, tâchait de ne pas rire. Mais ce Papa était terrible avec ses farces. Le rire finissait toujours par éclater, et c'était un fou rire qui ne s'arrêtait plus...

Je vous le dis, c'était un enfant, ce Papa !

3 C'était lui qui avait trouvé ce drôle de nom de Clindindin. Grand-mère disait Cloclo. Maman disait Cluclu. Mizelle, naturellement, disait comme Maman. Lucie, la cuisinière, faisait plus de façons et ne disait que Monsieur Claude : « Qu'est-ce qu'on dit, Monsieur Claude ? Qu'est-ce qu'on fait, Monsieur Claude ?... »
4 Papa disait n'importe quoi, ce qui lui passait par la tête. Il disait Clide, il disait Clude, il disait Clinde. Il installait sur son épaule (oh ! que c'est haut) son Clu, son Cli, son Clin, son Clo. Et à cheval — sur mon bai brun ! — Clidi, Clada ! — Cludu, Clindin ! — Pressons le train ! — Prenons le trot ! — Mon Clodin, mon Clodu, mon Clodi, mon Clodo ! — Au grand trot, Cladada !... — Au Galop ! Clododo !... — Attention, tenons-nous bien ! — Au grand galop ! Mon Clididi ! Mon Clududu ! Mon Clindindin !
5 Mais Clindindin avait un autre ami encore. Cet ami n'était pas un monsieur, pas une dame, pas un enfant, pas un joujou, pas une bête. Il est bien difficile de dire ce qu'il était. Il s'appelait Chonchon.

Chonchon avait d'abord été un petit ours de peluche fauve pareil à tous les petits ours de sa couleur. Mais le temps l'avait bien changé. Il avait perdu ses oreilles, un œil et presque tout son poil. Sans oreilles et sans poil, avec cet œil unique, il ne ressemblait plus à rien ni à personne...

II *Chonchon a disparu*

1 Quelquefois pourtant, Clindindin bousculait Chonchon, le battait, lui disait des choses très méchantes. Chonchon ne répondait pas, ne se défendait pas, mais, sous son air indifférent, on sentait qu'il cachait une vive amertume.
2 Un soir, c'était l'heure où les carreaux sont bleus, Clindindin jouait dans sa chambre et ses joujoux, comme à l'habitude, étaient épars autour de lui. Le jeu, ce soir-là, n'allait pas. Les joujoux étaient énervés. Des soldats s'abattaient par files pour

un rien. Des pans de mur entiers s'écroulaient sans raison. Les wagons déraillaient sans cesse. Chonchon était partout où il ne fallait pas et provoquait des catastrophes.

3 A la fin, Clindindin perdit brusquement patience, et boum ! boum ! des pieds et des mains, renversa, dispersa ce qui restait debout. En une seconde, un long et patient travail fut complètement anéanti. Chonchon, silencieux, regardait ce désastre. Son air calme acheva d'irriter Clindindin.

« C'est ta faute ! Chonchon, dit-il. Regarde ce que tu as fait ! Demande-moi pardon !... Tu ne veux pas ?... Pan ! Pan ! »

Chonchon reçut deux claques telles qu'il en resta tout étourdi. Après quoi un grand coup de pied l'envoya rouler sous l'armoire.

4 Quand Maman, ce soir-là, vint lui dire bonsoir, elle trouva Clindindin tout seul. Auprès de lui, sur l'oreiller, la place de Chonchon était vide.

« Où donc est Chonchon ? dit Maman.

— Il est puni », dit Clindindin.

Le lendemain, Chonchon n'était toujours par là.

« Est-il puni pour plusieurs jours ? demanda Maman.

— Pour cent jours.

— Cent jours ! C'est beaucoup, dit Maman.

— Et même pour vingt ! » dit Clindindin.

5 Chonchon cependant lui manquait. Le deuxième jour, il n'y tint plus. Il se plaça devant l'armoire, et le plus tendrement qu'il put :

« Chonchon, dit-il, je te pardonne. Je m'ennuie quand tu es puni. Tu peux revenir à présent. »

Ne recevant pas de réponse, il mit sa tête sur le parquet pour voir ce que Chonchon faisait sous cette armoire.

Chonchon n'y était pas ! Il chercha sous le lit, dans le placard, sur le fauteuil... Il regarda partout. Chonchon n'était nulle part.

III *On a des nouvelles de Chonchon*

1 Clindindin courut chez Lucie.

« Où est Chonchon, Lucie ?

— Je ne l'ai pas dans ma poche, moi ! Où l'avez-vous mis ? J'ai tout à fait le temps de m'occuper de Chonchon ! Vous lui avez fait trop de misères. Il est parti, votre Chonchon ! »

Clindindin haussa les épaules.

« Soyez un peu poli, fit Lucie mécontente. Et d'abord votre place n'est pas dans une cuisine ! Allez jouer dans votre chambre ! Allez ! Allez ! »

2 Clindindin retourna tristement dans sa chambre. Quand Maman entra, enfin, il s'élança au-devant d'elle.

« Maman, Chonchon a disparu !

— Laissez-moi retirer mes gants et mon chapeau. Nous allons voir ça », dit Maman. Elle appela Mizelle et Lucie :

« Vous ne savez pas où est Chonchon ?

— Nous ne l'avons pas vu », firent-elles.

3 Mizelle alla chercher la canne de Papa. Lucie la passa sous l'armoire, sous la commode, sous le lit. Maman ouvrit tous les tiroirs. Pas de Chonchon !

« Nous avons regardé partout. Madame voit bien qu'il n'est pas là, dit Lucie. Chonchon est parti !

— Je suis de l'avis de Lucie. Chonchon est parti, dit Mizelle.

— Je commence à le croire aussi », dit Maman.

C'était bien étrange.

4 Il était tard, Chonchon n'était pas retrouvé quand Papa rentra à son tour.

« Papa ! Papa ! Bonjour, Papa ! Vous ne savez pas où est Chonchon ?

— Si. Justement, je l'ai rencontré, dit Papa.

— Où ?

— Dans la rue. Il traversait les Champs-Elysées d'un pas vif. J'ai couru après lui. J'ai appelé : « Chonchon ! » et j'ai dit : « Où vas-tu, Chonchon ? » Il m'a dit : « Clindindin est méchant avec moi. Il se met toujours en colère. Il m'a battu. J'en ai assez. Je pars. Je quitte la maison. » Il m'a fait un petit salut et a poursuivi son chemin.

5 — Pas possible ! fit Clindindin. Mais alors Chonchon est vivant ! »

Il n'était qu'à demi surpris, car il avait toujours pris Chonchon pour un personnage singulier de qui on pouvait tout attendre. Il retint un sourire d'orgueil. Il était fier de cette prouesse de son Chonchon.

IV *Chonchon est revenu*

1 Le dimanche arriva. Toujours pas de Chonchon ! Il pleuvait ce dimanche-là. Toute promenade était impossible. Aussi Maman avait permis à Clindindin de s'installer avec ses joujoux au salon. Papa lisait. Maman brodait. Clindindin construisait une tour.

« Il me semble qu'on a sonné, dit Maman. Qui ce peut-il être ? Un dimanche, à cette heure-ci...

— Grand-Mère sans doute, dit Papa.

2 — Cluclu, reprit Maman, si vous alliez ouvrir ! Lucie n'est sûrement pas là, et Mizelle ne peut rien entendre de sa chambre.

— J'y vais ! J'y vais, Maman ! » dit Clindindin en s'élançant dans l'antichambre.

Il revint aussitôt écarlate, haletant.

« C'est Chonchon ! Venez ! C'est Chonchon ! »

Papa et Maman le suivirent. Sur le paillasson du palier, Chonchon était assis, un tout petit Chonchon qui semblait avoir en voyage perdu la moitié de sa taille, mais dont l'œil brillait de malice.

3 « Eh ! bien, mon vieux Chonchon, en voilà une surprise ! dit Papa. D'où arrives-tu ?

— Il a bonne mine », dit Maman.

Clindindin chantait à tue-tête :

« Chonchon est reviendu ! Chonchon est reviendu !

— On dit « revenu », fit Mizelle qui entrait à ce moment-là. Ne lui apprenez pas déjà à mal parler ! »

Tout le monde fit fête à Chonchon.

4 Clindin l'embrassait, le serrait sur son cœur.

« Tu es vivant ! Tu es vivant ! répétait-il avec ivresse... C'est drôle, regardez Papa ! Il n'a pas l'air d'être vivant !

— Mais il a le museau tout mouillé ! dit Maman.

— Ce n'est pas étonnant par ce temps, dit Papa. Sans parapluie et sans chapeau ! »

5 Il pleuvait à verse en effet. Comment Chonchon, dehors par une pluie pareille, aurait-il pu ne pas avoir le nez mouillé !

« Tu ne vas pas avoir un rhume ? dit Clindindin. Attends que je t'essuie !... Tu n'aimes pas la serviette ?... « Hi ! Hi ! Hi ! Hi !... » Sois sage, allons ! Ne pleure pas comme un bébé. »

Jusqu'au dîner, les deux amis n'arrêtèrent pas de bavarder, Clindindin faisant les demandes et les réponses.

V *Il ne fallait pas le dire!*

Clindindin, après le dîner, va se coucher avec Chonchon. Au bout d'un moment, on vient dire à Papa que son petit garçon veut lui parler.

1 « Qu'est-ce qui se passe, voyons ? dit Papa tendrement, et pourquoi ne dormez-vous pas ?

— J'ai besoin de savoir, Papa ! Vous m'avez fait une farce, n'est-ce pas ? Chonchon n'est pas vivant ? Dites-moi la vérité !

Je suis grand à présent. Je sais que c'est une farce. Dites-moi que c'est une farce !

— Mais puisque vous le savez !

— Je veux que ce soit vous, Papa, qui me le disiez !

— Clindindin, il est tard. Il faut que vous dormiez ! Maman n'est pas du tout contente.

2 — Je ne pourrai pas dormir, Papa, si vous ne me dites pas que c'est une farce ! »

Obstiné, câlin, suppliant, Clindindin répétait et répétait sans cesse :

« Dites-moi Papa, que c'est une farce ! S'il vous plaît, Papa, dites-le moi !... Papa, je vous en prie !... Papa !... »

Si bien que Papa dit enfin :

« Naturellement que c'est une farce ! Chonchon est un joujou, voyons ! Dormez maintenant !

3 — Alors, Chonchon n'est pas parti ?

— Mais non, Chonchon n'est pas parti. Lucie l'a caché quelques jours dans sa cuisine, et c'est elle, cet après-midi, qui l'a posé sur le paillasson du palier.

— Qui a sonné alors ?

— Lucie.

— Mais elle n'était pas là quand j'ai ouvert la porte !

— Elle s'était cachée dans l'escalier, voyons !

— Pourquoi alors Chonchon était-il tout mouillé ?

— Parce que Lucie, pour mieux faire réussir la farce, lui avait mis quelques gouttes d'eau sur le nez.

4 — Je le savais bien que c'était une farce, dit Clindindin, la voix changée. Bonsoir, Papa.

— Bonsoir, Clododo », dit Papa.

Mais comme il se penchait sur lui pour l'embrasser, il s'aperçut que Clindindin était tout pâle, que son front se plissait, que ses lèvres tremblaient, qu'il ne pouvait plus retenir les grosses larmes qui se pressaient sous ses paupières.

« Cludu du ! Cludu du ! Mon petit Cludu du ! dit Papa en le soulevant de son dodo et en le serrant dans ses bras. Qu'est-ce qu'il y a, mon Cludu du ? »

5 Assis sur la main de Papa, les deux bras autour de son cou, Clindindin se cacha le visage contre lui, lui mouillant la joue de ses larmes, et, dans sa longue chemise de nuit, son petit corps était secoué de sanglots.

« Je le savais... je le savais que Chonchon n'était pas vivant, mais il ne fallait pas me le dire ;

— Je vous l'ai dit parce que vous êtes un grand garçon.

— Je ne suis pas un grand garçon ! Je ne veux pas être un grand garçon ! Je veux toujours être un enfant ! »

(*Et Clindindin, depuis ce soir-là, ne joua jamais plus avec Chonchon.*)

(Paul Géraldy, *Clindindin*)

Histoire du chat blanc qui était tout noir

I *Une vie bien compliquée*

1 Il y avait une fois un chat blanc qui était tout noir.

Son père était blanc et sa mère était blanche. Ses grands-pères étaient blancs, ses grand-mères étaient blanches. Ses frères, ses sœurs, ses coussins, ses cousines, ses oncles, ses tantes, toute la famille Chat-Blanc était blanche. Et lui, il était tout noir.

2 Quand il vint au monde, au milieu de quatre petits frères tout nouveaux comme lui, on aurait dit un petit boulet de charbon sur un tapis de neige. Toute la famille Chat-Blanc s'assit autour du panier qui contenait les cinq chatons et chacun se gratta l'oreille. Le père et la mère Chat-Blanc regardaient eux aussi la tache noire ; ils se grattaient l'oreille eux aussi et ils se disaient :

« Cet enfant blanc qui est tout noir, ce n'est pas naturel. »

3 La mère Chat-Blanc le lécha ensuite pendant des heures et des heures. Il resta aussi noir qu'avant.

Le Chat-Blanc qui était tout noir grandit comme ses frères. Toute la famille l'aimait beaucoup, naturellement, mais personne ne pouvait s'habituer à sa couleur. Lui, en grandissant, il fut bien étonné de découvrir qu'il ne ressemblait à personne.

4 Cela compliquait tout : si l'on jouait à cache-cache dans des draps, les autres le trouvaient aussitôt ; si l'on courait dans la cave, ils le perdaient toujours. Quand on buvait du lait, on aurait dit qu'il en buvait plus que n'importe qui, simplement parce qu'il était noir au lieu d'être blanc ! C'était quand même malheureux.

Un jour, il cessa de jouer, s'installa dans un coin de la cuisine et se pelotonna sur lui-même à la façon des très vieux chats.

5 Inquiète, la mère Chat-Blanc lui demanda :

« Tu n'es pas malade ? »

Il répondit :

« Non, maman, je réfléchis. »

Le soir de ce jour-là, tandis que le chat blanc qui était tout noir continuait à réfléchir, le père et la mère Chat-Blanc réunirent, dans le salon de réception, les grands-pères et les grands-mères, les frères et les sœurs, les cousins et les cousines, les oncles et les tantes, toute la famille Chat-Blanc.

II *Rien que des chats gris!*

1 Le père Chat-Blanc miaula un grand discours. Il dit que les choses ne pouvaient pas continuer comme ça et que le chat blanc qui était tout noir devenait trop triste. Il avait une idée pour changer la situation. Il l'exposa, et la famille Chat-Blanc l'approuva comme un seul chat. Le père Chat-Blanc dit alors : « Allons-y ! »

En silence, et à la queue leu leu, toute la famille Chat-Blanc se dirigea vers le cagibi au charbon.

2 Elle en ressortit en silence, et à la queue leu leu, — mais pas du tout comme elle y était entrée ! Noire, noire, noire, du père aux cousines, des oncles aux grands-mères, des frères aux tantes, des sœurs aux grands-pères, de la mère aux cousins ! Et la famille Chat-Blanc, devenue la famille Chat-Noir, s'en alla vers la cuisine pour y retrouver le chat blanc qui était tout noir.

3 Elle ne le trouva pas. Elle trouva bien un chat, mais il était blanc, complètement blanc, de la pointe des moustaches jusqu'au bout de la queue ! Tout le monde s'arrêta net. Et le chat inconnu miaula. Et la mère Chat-Blanc-Noir s'écria :

« C'est mon fils ! »

4 Et le père Chat-Blanc-Noir s'écria :

« Il s'est roulé dans la farine ! »

Et le Chat-Blanc-Noir s'écria :

« Papa ! Maman ! »

Et un oncle s'écria :

« Noir ou blanc, qu'est-ce que cela fait quand on s'aime ? »

5 Tout le monde se mit à rire, à sauter les uns sur les autres, à tomber dans les pattes les uns des autres. La farine et le charbon s'envolèrent, se mêlèrent dans l'air, retombèrent en poussière sur la famille entière. Plus de chats blancs-noirs, ni de chat noir-blanc ! Rien que des chats gris ! C'est ainsi qu'est né le proverbe : « La nuit, tous les chats sont gris. » Il y a des gens qui disent que non. Ils ne sont pas au courant, voilà tout.

(Claude Aveline, *Et de quoi encore ?*, Gallimard)

Patachou

I *Le lapin de Patachou*

Patachou, un petit garçon de six ans, vit avec son oncle et sa tante. C'est son oncle qui nous raconte ses aventures.

1 Il est tout blanc. Quand il est au fond du jardin, on croit voir un gros flocon d'ouate, mais muni de quatre pattes et pourvu de deux oreilles. Il est blanc comme la neige ; il évoque toute la Laponie. Nous l'avons appelé Lapon.

« Bonjour, Lapon lapin », lui dit Patachou.

Lapin Lapon ne daigne pas répondre.

Rien ne doit déranger le lapin quand il dîne.

2 Il dévore une feuille verte de laitue. Il remue le nez ; et, même entre les festins, ses narines s'agitent encore.

« Heureusement, murmure Patachou, qu'il n'a pas une trompe ! S'il était éléphant, il serait bien fatigué. »

Il a fini son repas. Maintenant, ses deux petites pattes relevées, il fait le kangourou. Puis, doucement, il caresse son museau. On dirait qu'il veut friser les quatre poils de sa moustache raide.

3 Nous nous approchons de lui. Il nous regarde de son œil rouge, où il a enfermé toute la lumière des soleils couchants.

« Tu sais, dis-je à Patachou, qu'avec l'autre œil, il regarde de l'autre côté. Chut ! Ne tente pas de l'imiter. (Voilà déjà Patachou qui louche...)

— Je crois aussi qu'il entend de tous les côtés. Tu vois derrière, pour n'être pas surpris, il a une troisième petite oreille.

— Mais non, Patachou ; c'est sa queue. »

4 Nous sommes à table ; on va bientôt servir le dessert. La lune s'est levée ; pourtant Lapon erre sous le marronnier. Comment ce lapin n'est-il pas encore couché ?

« Si c'était un lapin de garde... dit Patachou.

— Que fais-tu, Patachou ? Veux-tu devenir lapin ? Voilà un moment que tu me regardes sans rien dire, en remuant le nez.

— C'est, me répond-il, que je voudrais un peu plus de salade. »

II *Patachou et l'abeille*

1 On décide d'aller boire du lait à la ferme voisine, de ce lait délicieux, tiède encore, écumant et qui sent la menthe.

« Mets tes souliers, Patachou. »

Patachou ne veut rien entendre :

« Je peux bien, dit-il, marcher sur mes pieds ordinaires ! Tout le monde marche pieds nus, à la campagne. Est-ce que Castor met des bottes ?

— Tu te déchireras les pieds sur les cailloux, et si tu rencontres un morceau de verre... »

2 Patachou s'entête.

« Assez, monsieur, lui dis-je, éloignez-vous. Vous allez subir un quart d'heure de punition, au fond de la prairie. Ensuite, vous vous chausserez et viendrez avec nous. Voici du pain pour votre goûter ; vous êtes privé de chocolat. Allez ! »

Il est fort ému.

« Tu es très fâché, puisque tu me dis *vous*... »

Je fais : *Brrouh !* Patachou s'en va, avec sa tranche de pain sec.

3 Il s'assied au bord de la haie. Avec tante Mathilde, je le regarde à la dérobée. Il aura son chocolat, tout à l'heure, quand il aura fait sa punition. Là-bas, dans l'herbe, il lève doucement le bras et le glisse dans la haie. J'aperçois son pain entre les ronces. Quelle est cette nouvelle invention ?

4 Je fais le tour par le petit chemin et me voici de l'autre côté de la haie. Il ne m'a pas vu. Je l'entends qui murmure :

« Abeille... abeille...

— Que fais-tu Patachou ?

— J'appelle poliment l'abeille.

— Pour qu'elle te pique ?

— Oh ! non... Mais comme elle verra que je suis très malheureux, peut-être qu'elle voudra mettre une goutte de miel sur mon pain. »

III *Patachou dompteur de lions*

1 « Laisse Pluton tranquille, Patachou ! Tu finiras par te faire mordre. »

Mais Pluton, le chat noir, n'est aujourd'hui que patience et bienveillance. Patachou le tient sur ses genoux et tente de lui nouer une ficelle à la queue.

« Patachou, il ne faut point tourmenter les animaux...

2 — C'est une expérience !

— Mais encore ?

— Tu vois bien. J'attache le bout de la queue du chat ; puis, je lui ferai un peu tourner la tête : je lui ferai passer la queue entre les dents ; et, en tirant doucement, je nouerai l'autre bout de la ficelle à sa patte de derrière, de l'autre côté.

3 — Et alors ?
— Alors il ne pourra plus mordre.
— Et pourquoi donc ?
— Eh ! tu pourras lui mettre le doigt dans la bouche ! S'il serre les dents, tu comprends bien qu'il se mordra la queue.
— En attendant, il va te griffer.
4 — Non ! non ! Pluton est mon ami ; et puis, il dort à moitié. Mais ce n'est qu'une expérience. J'ai une grande idée. Si je réussis, il n'y aura plus aucun danger à traverser les déserts et les forêts sauvages. Une ficelle ne suffira plus, je le sais bien ; mais avec une grosse corde, on pourra traiter les lions de la même façon. Tu comprends ? On ne tremblera plus en Afrique. On pourra déjeuner tranquillement sous un palmier. Les lions viendront se mettre en cercle autour de nous, avec des mines désolées. Ils ne pourront plus mordre : ils auront tous la queue en travers de la bouche. Tu comprends ? »

IV *La girafe de Patachou*

1 « Tu voudras m'acheter une girafe ? »
Patachou est insatiable. C'est lui, vous n'en doutez point, qui me demande une girafe.
« Patachou, lui dis-je, il faut être un peu raisonnable... Que ferais-tu d'une girafe ? Il nous faudrait faire un trou au toit du wagon, pour notre prochain retour à Paris. Elle se casserait une corne au premier tunnel. Et à Paris ? Veux-tu encore que l'on fasse un trou au plafond de notre appartement et que ton animal, les pieds sur notre tapis, broute les pantoufles vertes de notre voisin d'en haut ? Non, tu n'auras pas de girafe ! Ni d'éléphant ! Car je parie que tu veux me demander aussi un éléphant...
2 — Non, non, répond tranquillement Patachou ; je voulais seulement une girafe. »
... Hier, un cirque est passé, qui s'arrêta pour la soirée à la petite ville voisine. Patachou admirait les écuyères sur les chevaux bienveillants ; il avait peur des clowns ; mais ce qui l'enchanta, ce fut la girafe. Car il y avait une malheureuse girafe.

« Tu vois, dis-je à Patachou, elle a les pattes de devant plus longues que celles de derrière.

3 — Oui, elle est en pente.

— Sais-tu dans quel pays vivent les girafes ?

— La girafe, répond Patachou gravement, est une bête polaire.

— Tu n'y penses pas, Patachou !

— Si, elle est faite pour vivre sous les averses de neige : elle est en pente, comme ton toit, et c'est pour que la neige ne lui reste pas sur le dos. »

J'ai beau déclarer à Patachou que la girafe est un animal d'Afrique, il n'est pas satisfait.

« Alors, me dit-il, pourquoi est-elle en pente ? »

4 Au fait, pourquoi la girafe est-elle en pente ?...

« Peut-être, me dit Patachou, que la girafe est ainsi faite pour être plus vite assise...

— Eh ! Eh...

— Alors tu pourrais bien m'en acheter une. Nous la ferions asseoir sur la banquette du wagon et puis, à Paris, sur le canapé du salon. Comme cela, tu ne peux plus dire qu'elle serait trop grande. »

(TRISTAN DERÊME, *Patachou petit garçon*, Émile-Paul éditeur)

Le grand Coyote et le petit Renard Bleu

I *Des poules succulentes*

1 Maître Coyote galopait depuis trois jours à travers une forêt de chênes sans avoir rencontré la moindre bête à se mettre sous la dent. Il était donc de fort mauvaise humeur et il avait très grand faim.

Soudain, à quelques pas devant lui, il aperçut un petit Renard Bleu qui s'amusait après un papillon.

« Enfin !», pensa maître Coyote en bondissant sur le Renard et en ouvrant toute grande sa gueule aux dents pointues.

Mais avant que le Coyote ait eu le temps d'avaler le Renard, celui-ci fit un rapide saut de côté et se cacha derrière le tronc d'un chêne en criant :

2 « Oh ! je t'en supplie, maître Coyote, épargne-moi ! Je te jure que tu ne le regretteras pas !

— N'essaie pas de m'attendrir : il y a trois jours que je ne mange que des glands ! J'en ai assez et je vais te dévorer.

— Tu aurais grand tort de me manger quand il y a justement dans le voisinage des poules succulentes...

— Des poules dans une forêt ?

3 — Tu ne sais donc pas qu'il y a, au pied des collines, une grande ferme où on engraisse poules et poulardes pour les noces du fermier qui se marie demain ?

— Des poules, des poulardes ! — répéta le Coyote en se pourléchant les babines.

— Si tu veux, je peux t'y conduire. Ah ! si tu voyais comme elles sont grasses !

— Conduis-moi vite, car je crève de faim ! » s'écria le Coyote.

4 Alors le rusé Renard emmena le Coyote jusqu'à une grande prairie :

« Nous y voici ! Regarde, là-bas, les poules qui picorent sans se douter de notre présence ! — murmura enfin le Renard Bleu.

— Elles ont une drôle de couleur, ces poules ! — remarqua le Coyote, surpris.

— Ce sont des poules noires du Brésil, une espèce très rare dont je me régale souvent ! »

5 Affamé, le Coyote n'écoutait plus et il se précipita dans la prairie. Le Renard Bleu, lui, détala en rasant le sol et en se cachant parmi les hautes herbes et les buissons.

Pendant ce temps, le Coyote arrivait près des poules tant désirées. Il s'arrêta net, stupéfait, en les voyant s'envoler en croassant.

« Mais ce sont des corbeaux et non des poules ! » s'écria-t-il furieux.

II *Un festin délicieux*

1 Le Coyote comprit qu'on s'était moqué de lui. Ivre de colère, il fit demi-tour et fonça dans la direction prise par le Renard.

« Où se cache-t-il ? Ah ! je vais lui montrer de quelle façon je sais me venger », grommelait-il.

Le pauvre Renard Bleu essayait de se cacher dans les hautes herbes de la prairie. Mais celles-ci se balançaient sur son passage, et le Coyote eut vite fait de le découvrir.

2 Une fois encore, le Coyote ouvrait sa large gueule quand le Renard Bleu s'écria d'une petite voix étonnée.

« Qu'as-tu donc, maître Coyote, tu sembles furieux ?

— Je suis tellement furieux, misérable Renard, que je vais te croquer en deux coups de dent ! — rugit le Coyote.

— Tu aurais bien tort de me croquer, car j'ai quelque chose de bien meilleur à t'offrir !

3 — Quelle chose ?

— Voici : pendant que tu courais après les corbeaux, j'ai rencontré le fermier. Il m'a annoncé qu'il régalait ce soir ses amis. Tous les animaux du voisinage sont invités à ce festin délicieux... On mangera jusqu'aux premières heures du matin, et demain, jour de la noce, on recommencera. Si tu veux être de la partie, dépêchons-nous, car le festin va bientôt commencer. »

4 A ces mots, le Coyote sentit l'eau lui venir à la bouche, et il suivit le Renard Bleu qui trottait déjà dans le sentier conduisant chez le fermier.

Ils arrivèrent bientôt en vue de la ferme, et le Renard dit :

« Attends-moi là. Je vais prévenir le fermier afin qu'il fasse ajouter un couvert pour toi. Je serai de retour dans dix minutes et je te présenterai à lui. »

5 Le Coyote s'installa sur une motte de terre en pensant au merveilleux festin auquel il allait prendre part, et il attendit.

Le Coyote attendit, attendit longtemps. — Le Renard Bleu va t-il revenir, ou non ? — se demandait-il. Puis, un peu par fatigue, un peu par faim, il finit par s'endormir.

Quand le Coyote s'éveilla, le Renard Bleu n'était toujours pas revenu. Coyote s'aperçut que sa petite sieste lui avait encore davantage aiguisé l'appétit et... que, une fois de plus, le Renard Bleu s'était moqué de lui.

III *Une autre ruse du Renard*

1 « Ah ! mais, ça ne va pas se passer comme cela, et ce détestable Renard Bleu va avoir de mes nouvelles ! » rugit le Coyote.

Il vit un corbeau qui voletait non loin de là et lui demanda :

« Sais-tu où se cache le Renard Bleu ?

— Je l'ai aperçu là-bas, derrière la colline, près d'un petit lac », répondit le corbeau.

2 Malgré sa faim et sa fatigue, le Coyote partit comme une flèche et grimpa sur la colline. Là, il vit un petit lac qui sommeillait sous les premières clartés de la lune.

Le Renard Bleu, qui s'était arrêté pour reprendre haleine, le vit arriver. Comme les rochers et les arbustes n'offraient aucune cachette possible, il essaya une autre ruse.

3 Il fit semblant de soutenir de toutes ses forces un gros rocher qui se dressait debout juste au-dessus du sentier.

« Au secours, ami Coyote ! Viens vite m'aider ! — criait le Renard d'une voix angoissée.

— Si tu crois que je vais aider un méchant animal qui me joue des tours, tu te trompes !

4 — Mais se rocher soutient la colline sur laquelle tu te promènes. S'il s'écroule dans le lac, la colline s'écroulera et toi avec. Ah ! je n'en peux plus... Viens vite me remplacer sous cette roche si lourde pendant que je cours chercher de l'aide à la ferme ! »

Ce Coyote-là n'aimait pas l'eau et ne savait pas nager. Il s'élança donc et, s'arc-boutant sous le gros rocher, il le soutint du mieux qu'il put.

5 « A tout à l'heure ! » chantonna gaiement le Renard Bleu en s'apprêtant à partir.

Mais sa voix était si moqueuse que le Coyote se douta de quelque chose. Il lâcha légèrement le rocher, et vit qu'il ne bougeait nullement. Il comprit alors que le Renard lui avait menti pour mieux le retenir pendant qu'il se sauverait.

IV *Une dernière ruse*

1 « Cette fois, je vais me venger ! » hurla le Coyote avec fureur, en se ruant sur son compagnon.

Le pauvre Renard Bleu crut sa dernière heure venue ; il leva ses yeux vers le ciel pour regarder encore une fois les étoiles qu'il aimait tant.

Là-haut, dans les cieux sombres, la lune brillait comme un énorme disque d'argent, et elle se reflétait dans les eaux pures du lac.

2 Alors, le Renard tenta une dernière ruse :

« Faisons la paix, Coyote, et je t'indiquerai un endroit tout proche où tu trouveras un succulent fromage blanc, dit-il.

— Taratata, les fromages blancs ne poussent pas au bord d'un lac ! Cette fois-ci, tu ne me tromperas pas !

3 — Je te jure que je ne mens pas : tout à l'heure, j'ai volé un fromage dans la ferme. Mais ta grosse voix menaçante m'a tellement effrayé, que je l'ai laissé tomber dans le lac... La preuve, c'est qu'il repose sur le fond des eaux. Regarde. »

Dans l'eau limpide, le reflet de la lune ressemblait si bien à un grand fromage blanc que le Coyote n'y regarda pas de plus près. Il allait se précipiter pour le prendre, mais le Renard le retint :

4 « Pas si vite, maître Coyote, car tu as si longtemps jeûné que tu n'as plus que la peau et les os et tu flotterais à la surface du lac. Laisse-moi attacher quelques cailloux à ton cou, cela te donnera du poids. Ainsi, tu descendras tout de suite jusqu'à l'endroit précis où se trouve le fromage.

— Fais vite, j'ai faim ! » grogna le Coyote.

5 Sans attendre un seul insstant, le Renard Bleu attacha les pierres au cou du Coyote. Il l'accompagna sur le haut rocher qui surplombait l'eau et lui donna une bonne poussée.

Quand ce fut fait, plouff ! le coyote plongea, coula, disparut dans les eaux profondes du lac... et plus jamais on n'a entendu parler de lui.

(Maria Grazia Griffini, *Contes des Peaux-Rouges*, Traduction de Danika, adaptée, Éditions Lito)

Histoire d'un poisson rouge

I *Le poisson rouge est heureux*

Un soir, en revenant de l'école, un petit garçon gagne un poisson rouge à la fête foraine. Il le ramène chez lui et le met dans un bocal, sur le buffet, non loin de la cage du canari.

1 Le poisson rouge est heureux dans son bocal sur le buffet, dans la maison du petit garçon. Il a trouvé une famille.

Dans sa cage, le canari chante pour lui. Le poisson tourne en rond toute la journée : c'est ça le bonheur (pour un poisson rouge).

Mais un jour...

2 Un jour, un pauvre chat misérable qui n'appartenait à personne entendit le canari chanter.

Ce chat abandonné habitait sur les toits de la grande maison où vivait le petit garçon. Comme personne ne lui donnait à manger, il avait toujours faim. Il entendit le canari chanter parce que le petit garçon, en partant pour l'école, avait laissé la fenêtre ouverte.

3 Le canari et le poisson rouge étaient seuls ; le chant du canari s'échappait par la fenêtre et résonnait dans la cour de la maison.

Penché en haut de son toit, le chat écoutait. Et il se mit à penser cette chose qui peut nous paraître affreuse, mais qui est bien excusable de la part d'un chat affamé : « Un canari, ça se mange... » Puis il commença de descendre de son toit pour se rapprocher tout doucement de la fenêtre de la chambre.

4 « Je chante, chantait le canari dans sa cage, parce que le soleil entre par la fenêtre, parce que les écailles dorées de mon ami le poisson rouge brillent au soleil, parce que le petit garçon va bientôt revenir de l'école, et parce que nous sommes heureux tous les trois dans notre chambre, notre cage et notre bocal. » Mais pendant ce temps-là, le chat...

... Le chat était arrivé près de la fenêtre. Au même moment, le poisson rouge qui ne pouvait pas chanter mais qui voulait montrer au canari de quoi il était capable, se mit à sauter hors de l'eau.

5 Il sautait de toutes ses forces, tournoyait en l'air comme un acrobate, et retombait adroitement dans le bocal en faisant des éclaboussures. Il sautait à travers le rayon de soleil qui entrait par la fenêtre et c'était très joli à voir.

Le canari sifflait chaque fois et, en somme, ils jouaient tous les deux un ballet, danse de poisson rouge sur musique de canari.

Le canari sifflait de plus en plus fort et le fier poisson rouge sautait de plus en plus haut... Si haut, qu'à la fin il manqua son coup et retomba à côté du bocal, sur le buffet.

II *Le chat*

1 Le canari ne chante plus. Il regarde le poisson rouge qui se tortille sur le buffet, au milieu d'une petite flaque d'eau, le poisson rouge qui va mourir, parce que l'air, pour lui, c'est la mort.

Le canari est désespéré. Enfermé dans sa cage, il ne peut rien pour son ami qui commence à étouffer. On n'entend plus dans la chambre que le silence du malheur et le petit bruit mouillé que fait le poisson rouge en se débattant sur la toile cirée...

2 Puis on entend un grincement. C'est la fenêtre qui bouge. Le canari se retourne. Et il voit... mon Dieu, il voit le chat ! D'un bond, le chat saute sur la cage.

« Mon Dieu, pense le canari, le poisson rouge est perdu ! » Car si les chats adorent manger du canari, tout le monde sait qu'ils ne mettent rien au-dessus du poisson.

3 Mais le chat n'a pas encore aperçu le poisson rouge. Il va d'abord essayer de dévorer le canari. Il ouvre ses griffes et passe une patte à travers les barreaux.

Les pattes du chat sont agiles, mais un canari qui se bat pour sa vie vole aussi vite qu'une patte de chat. Le chat est en colère : l'oiseau lui échappe.

4 En sautant comme un forcené d'un côté à l'autre de sa cage, le canari songe : « Si je peux résister jusqu'à l'heure où les enfants sortent de l'école, et si le poisson rouge n'a pas encore étouffé à ce moment-là, le petit garçon arrivera et nous serons sauvés. »

Le petit garçon sort de l'école. Il court, mais arrivera-t-il avant qu'il ne soit trop tard ?

5 Déjà, le chat lèche ses babines en regardant le canari essoufflé trembler au fond de sa cage. « Oiseau prétentieux, murmure le chat, je finirai bien par t'attraper. »

Tout à coup, le chat, de l'autre côté de la cage, aperçoit le poisson rouge. Voilà son déjeuner ! Il saute sur le buffet. Cette fois-ci, c'est bien fini. Le poisson rouge regarde la mort se pencher sur lui.

III *Le chant du canari*

1 Le poisson rouge n'a même plus la force de remuer. Le chat le prend entre ses dents. C'est épouvantable. Il va le croquer !

Alors, le canari prend son courage à deux mains et se met à chanter d'une façon magnifique, comme jamais de sa vie il n'avait encore chanté.

Son chant emplit la chambre, sort par la fenêtre, monte entre les murs dans la cour de la maison, comme pour atteindre le ciel en même temps que le cœur du chat affamé.

2 « Chat, s'il te plaît, chante le canari, ne mange pas le poisson rouge, ne mange pas notre ami... Si tu le manges, tu ne seras pas plus avancé, car il n'est pas bien gros, et demain tu auras encore aussi faim, tandis que nous, nous pleurerons éternellement la mort de notre ami aux écailles dorées... »

3 Alors le chat, le chat misérable, le chat abandonné, le chat qui avait si faim, pensa qu'il ne pouvait pas faire de la peine à tous ces gens qui paraissaient si heureux de vivre. Il remit tout doucement le poisson rouge dans son bocal, en faisant attention de ne pas lui faire de mal avec ses dents... Et le poisson rouge recommença de nager, et le petit garçon, qui avait monté l'escalier en courant, ouvrit la porte.

4 Mais le chat s'était déjà sauvé par la fenêtre. Il savait que le petit garçon l'aurait battu et chassé. Comme le canari et le poisson rouge ne pouvaient raconter ce qui s'était passé, le pauvre chat préféra remonter sur son toit où il recommença d'avoir faim.

Le petit garçon ne saura jamais que le chant du canari et le bon cœur du chat de gouttière ont ensemble sauvé de la mort le poisson rouge tombé de son bocal. Ni lui ni personne, sauf vous qui connaissez l'histoire. Et vous seuls savez que le chat affamé, maintenant, n'est plus seul au monde.

5 Quand il a trop froid ou trop faim, et lorsque le petit garçon est à l'école, il revient. Il entre par la fenêtre comme un voleur. Mais il vient voler seulement un peu d'amitié. Il s'assoit sur le buffet, à côté du bocal, et le canari chante pour lui. Alors, il étend ses pattes, il ferme les yeux et il s'endort.

(Roger Mauge, *Histoire d'un poisson rouge*)

Table

Références photographiques

B.N. : II 3, 4, 5, 6, 10, 12, 15, 17, 19, 20, 22, 28, 32, 33, 41, 49, 54, 58, 60, 63, 64, 65, 68, 77, 84, 86, 90, 94, 110, 111, 115, 120.
Bulloz : 1,88.
Giraudon : Couverture, 2, 6, 25, 26, 36, 70, 98, 101, 104, 106, 121.
Roger-Viollet : 7, 23, 31, 34, 43, 45, 46, 55, 74, 79, 83, 97, 102, 114, 122.
SNARK International : 9, 16, 24, 53, 57, 108, 109, 116, 117, 124.

Imprimé en France par BRODARD GRAPHIQUE — Coulommiers-Paris 10/4388/2.
I.S.B.N. 2.01.004060.0 Dépôt légal n° 9193-7-1979 — Collection n° 31. — Édition n° 04. 11/4578/8